LES FRANCS-MAÇONS

JACK CHABOUD

LES ESSENTIELS MILAN

Sommaire

Histoire

Organisation

Réflexion

Approfondir

Les mots suivis d'un astérisque (*) sont expliqués dans le glossaire.

À la rencontre des francs-maçons

La franc-maçonnerie est-elle une société secrète préparant un complot contre les Églises, l'État, l'humanité? Est-elle une secte? un groupe d'illuminés? une bande d'affairistes? un club de réflexion politique et sociale? un organisme humanitaire? «*Objet de curiosité, de perplexité, d'agacement, de dénigrement, voire de haine*», la franc-maçonnerie correspond en fait à l'expression d'une libre spiritualité.

La spiritualité est une interrogation sur nous-mêmes, sur les autres, sur le sens de la vie, sur l'univers et ce qui nous dépasse. Ce questionnement peut s'appuyer sur une religion, sur une croyance en un dieu, ou simplement sur la fraternité entre les hommes. C'est à partir de cette approche que l'on peut entrevoir la démarche maçonnique. Cet ouvrage est une invitation à rencontrer un mouvement original, né il y a près de trois cents ans en Angleterre. Le parcours proposé retrace l'histoire de la franc-maçonnerie; puis il en découvre les diverses facettes, avant d'initier le lecteur à la vie, au travail et au langage maçonniques, pour situer finalement le mouvement dans la société actuelle.

Mais ce guide ne peut traiter de toute la réalité maçonnique parce qu'il est impossible d'évoquer pour ceux qui n'y participent pas les moments forts que vivent des hommes et des femmes unis par la même démarche spirituelle.

Les origines mythiques et historiques

En l'absence d'écrits ou d'autres témoignages sûrs, on a trouvé des sources fantaisistes à la franc-maçonnerie : d'Adam et Ève aux templiers en passant par de mystérieuses sociétés initiatiques. Mais une chose est certaine : les francs-maçons doivent leur appellation aux bâtisseurs de cathédrales du Moyen Âge.

La légende d'Hiram

Tirée des traditions des bâtisseurs médiévaux, la légende d'Hiram est une racine essentielle de la franc-maçonnerie. L'histoire de ce personnage biblique rapporte qu'il aurait été sollicité pour sa sagesse et son savoir par le roi Salomon, afin de diriger la construction du temple de Jérusalem. Les francs-maçons ont imaginé un récit de la mort d'Hiram, tué par trois compagnons désireux d'obtenir les signes de reconnaissance de maître, pour en percevoir la paie. Les assassins auraient ensuite enterré le corps dans une fosse sur laquelle ils auraient planté une branche d'acacia.

Les origines fantasmatiques

Dans l'Antiquité, en Grèce, à Rome, en Égypte… en Orient comme en Occident, la recherche philosophique et la recherche scientifique, souvent entreprises par les mêmes hommes, sont mêlées à la superstition. Savants et penseurs se transmettent secrètement leurs connaissances, dans le cadre de sociétés initiatiques qui n'ont guère laissé de traces. De plus, en Occident, du fait de l'action de l'Église catholique, il faudra attendre la Renaissance pour que soient retrouvées certaines connaissances des anciens, notamment grâce aux alchimistes, pratiquant un art situé entre magie (transformer tous les métaux en or par des formules et incantations) et science (véritables recherches chimiques et physiques). Mais toute relation avec la franc-maçonnerie relève à ce stade de l'imagination.

Les origines historiques

En Europe, dès le XIe siècle, des guildes* et des confréries de métiers s'organisent. Elles adoptent des coutumes et des règles, et pratiquent la charité. Parmi celles-ci, les corporations de bâtisseurs connaissent l'« art royal* » de la géométrie et de l'architecture. Or, ces ouvriers (tailleurs de pierre, charpentiers…) participent à une œuvre sacrée en construisant à la gloire de Dieu de véritables « livres de pierre », comme le montrent les sculptures des façades des cathédrales. Ils établissent ainsi un lien entre la transmission du savoir-faire et le domaine spirituel. Installés dans des abris couverts, ou loges*, accolés aux bâtiments qu'ils construi-

Représentation des bâtisseurs de cathédrales au Moyen Âge.

sent, ils reçoivent une initiation simple, consistant essentiellement en secrets professionnels. Apprentis puis compagnons, ils œuvrent sous l'autorité de maîtres maçons. Mais avec la fin des grands chantiers religieux au XIXe siècle, ces communautés disparaissent sans laisser de traces écrites.

La franc-maçonnerie trouve ses racines

La recherche de ses origines est un mouvement naturel pour tout individu, tout groupe et toute société. La franc-maçonnerie, qui naît au XVIIIe siècle en Angleterre, va emprunter aux bâtisseurs médiévaux leur appellation de francs-maçons. Celle-ci est appliquée soit à des ouvriers ayant reçu une franchise de certaines charges seigneuriales (appellation que l'on retrouve dans Francheville, francs-bourgeois...), soit à des tailleurs de pierre anglais appelés *free-masons*, d'après un terme désignant une pierre tendre (franche). Il n'y a donc qu'une filiation symbolique entre les maçons opératifs* (du latin *opera*, « travaux »), œuvriers catholiques travaillant la matière jusqu'à la fin du Moyen Âge sur le continent européen, et les créateurs de la franc-maçonnerie actuelle ou spéculative* (préoccupée seulement de pensée, *voir* pp. 6-7), bourgeois et aristocrates protestants vivant dans l'Angleterre du XVIIIe siècle. Le fondement réglementaire de la franc-maçonnerie spéculative s'appuiera cependant sur des manuscrits anglais des XIVe et XVe siècles, émanant des derniers bâtisseurs. Ils contenaient des règles professionnelles et morales, des livres de prières, des récits légendaires et des secrets de métiers.

Mythe et ésotérisme
Dès l'origine de l'humanité, les hommes ont cherché à expliquer la raison de leur présence sur terre. Pour cela, ils ont inventé des récits mettant en scène des êtres surhumains. Ces récits (mythes) constituent les bases des grandes religions. Certaines explications de ces mythes sont transmises de manière ésotérique*, c'est-à-dire réservée à un petit nombre d'individus ; cette transmission peut se faire grâce à une initiation, comme c'est le cas chez les francs-maçons.

La seule source historique dont la franc-maçonnerie actuelle puisse se prévaloir d'une manière indirecte est celle des maçons bâtisseurs de cathédrales au Moyen Âge.

Naissance de la franc-maçonnerie spéculative

Dans l'Angleterre du XVIIIe siècle, les dernières loges de maçons opératifs acceptent des bourgeois, des aristocrates et des intellectuels, qui viennent y réfléchir sur des questions philosophiques et religieuses. La franc-maçonnerie spéculative est née.

Apports de la franc-maçonnerie spéculative*

– Croyance en Dieu, Grand Architecte de l'Univers* ;
– transposition symbolique des outils des tailleurs de pierre en termes philosophiques et moraux (par exemple, l'équerre pour la droiture, le compas pour la recherche de la vérité) ;
– serment du secret ;
– signes de reconnaissance (mots, gestes, attouchements*) ;
– tolérance envers toutes les religions ;
– fidélité au pouvoir royal ;
– cérémonies d'initiations et connaissances symboliques liées à la création de deux grades (apprenti, compagnon), complétés plus tard par un troisième grade (maître).

Un creuset d'idées

Dès la fin du XVIIe siècle en Angleterre, les ultimes descendants des ouvriers constructeurs, qui avaient franchi la Manche au Moyen Âge, reçoivent dans leurs loges* des hommes en quête d'idéal. Ces bourgeois ou aristocrates apprécient la discrétion de ces associations tolérées par le pouvoir, car la liberté de penser est toute relative en cette fin de siècle troublée par des querelles religieuses. Dès ce moment, les francs-maçons opératifs* vont peu à peu céder la place à des maçons « acceptés ». Ceux-ci sont influencés par les courants spirituels et intellectuels d'une époque où voisinent hermétisme et mystique de la kabbale et des Rose-Croix (*voir* ci-contre à droite) avec la rigueur d'une nouvelle philosophie éprise de raison.

La Grande Loge de Londres

De nombreux francs-maçons débattent alors dans les arrière-salles de tavernes, et prolongent leurs réunions par des banquets joyeux et fraternels. Ils appliquent leurs idées au-dehors, dans la société, par des actions de bienfaisance. Mais ces groupes indépendants vont éprouver le besoin de se rassembler et de créer un organisme supérieur, qui jugerait de la régularité de l'ensemble des loges* par rapport à la pratique maçonnique. C'est ainsi qu'en 1717 quatre loges londoniennes forment la Grande Loge de Londres, ce qui entraîne une scission avec des loges refusant de reconnaître son autorité parce qu'elle s'éloigne du christianisme.
La Grande Loge de Londres devient la Grande Loge d'Angleterre en 1738.

L'hermétisme

L'hermétisme, courant ésotérique* qui remonte à l'Antiquité et se perpétue au travers de l'alchimie, caractérise la Kabbale (ou Cabale), interprétation mystique et symbolique de la Bible chez les juifs. L'hermétisme est présent dans le mouvement de la Rose-Croix, né en Allemagne au XVIIe siècle, dont la doctrine philosophique et mystique s'inspire de la Kabbale.

Les Constitutions d'Anderson

Le travail de structuration et de codification de la franc-maçonnerie est confié par le Grand Maître de la Grande Loge de Londres au pasteur écossais James Anderson. Ce dernier est assisté notamment par le prêtre anglican et professeur de physique Jean-Théophile Désaguliers (1683-1744). Ce fils de pasteur français émigré en Angleterre après la révocation de l'édit de Nantes en 1685 est sans doute le principal rédacteur de la première constitution de la franc-maçonnerie, en 1723. Les règles (*landmarks*) de ces Constitutions des francs-maçons (*The Constitutions of the free-masons*), dites Constitutions d'Anderson, s'inspirent de textes émanant des francs-maçons opératifs, auxquels elles ajoutent les apports de la franc-maçonnerie spéculative (*voir* encadré à gauche).

La franc-maçonnerie spéculative naît en Angleterre au XVIIIe siècle à partir des loges désertées par les francs-maçons opératifs. Ses constitutions, qui joignent le sens du mystère à la rigueur de la pensée philosophique, sont représentatives de l'esprit du temps.

Un mouvement à la mode

Cette maçonnerie naissante, qui affirme sa fraternité entre les êtres humains, n'est cependant pas ouverte aux esclaves et aux domestiques, aux athées et aux femmes. Du fait que ses membres sont aristocrates ou intellectuels, elle est tout de suite à la mode. Et il est de bon ton de se faire recevoir en tant que franc-maçon jusque dans la famille royale, tout comme chez les ministres du Culte, même si l'Église anglicane s'inquiète de ce mouvement qui lui échappe. Les influences ésotéristes enrichissent de mystères et de symboles les rituels simples hérités des bâtisseurs. L'apparition d'une forme de libre-pensée amène aussi dans les loges des déistes* en marge des religions, mais une reprise en mains rappellera vite aux francs-maçons de la Grande Loge l'obligation de croyance en la Bible.

L'esprit des Lumières

Dès la fin du XVIIe siècle, la franc-maçonnerie débarque en France sous sa forme spéculative*, dans les bagages de Jacques II Stuart, le roi d'Angleterre détrôné. Quelques décennies plus tard, elle va connaître le même succès qu'en Grande-Bretagne, mais avec des particularités françaises.

Éclosion de la franc-maçonnerie en France

C'est vers 1730 que la franc-maçonnerie prend son envol en France, sous l'impulsion de Britanniques et de Français. Au départ, la Grande Loge d'Angleterre accorde des autorisations (patentes) d'ouverture à des loges* respectant ses *landmarks* (*voir* pp. 6-7). La franc-maçonnerie essaime alors de Paris en province, colportée par des commerçants, des fonctionnaires et des militaires. Partout, des roturiers et des aristocrates adhèrent à un mouvement qui correspond à leur demande de liberté d'expression, après le règne despotique de Louis XIV. Dans tout le pays, des francs-maçons (ou frères) se réunissent dans des auberges ou des appartements, où l'image de la loge est tracée à la craie ou au charbon le temps des réunions et cérémonies.

Le Grand Orient de France

Sous l'influence hermétiste (*voir* pp. 6-7), la maçonnerie française crée des grades destinés à étudier des questions métaphysiques, voire ésotériques*. Ces hauts grades ne sont guère conformes à la

Les francs-maçons issus du tiers état

La plupart des membres appartiennent au tiers état (bourgeoisie et classe moyenne), à l'exception des paysans et ouvriers trop peu fortunés pour s'acquitter de leur cotisation (capitation). Mais, pour se protéger du pouvoir royal, la franc-maçonnerie initie de grands personnages, et pour attirer les nobles, elle se trouve de nouvelles origines dans la chevalerie. En contrepartie, pour affirmer l'égalitarisme des frères, les roturiers ont le droit de porter l'épée en loge.

volonté d'égalitarisme et de simplicité du départ, mais ils se développent vite et constituent une maçonnerie à part. L'élection démocratique des dirigeants n'étant pas respectée dans bien des loges, un mouvement de réaction entraîne la séparation entre la Grande Loge de France née en 1738, repliée sur ses privilèges, et la Grande Loge nationale de France qui prend le nom de Grand Orient de France en 1773. La lutte entre les deux tendances va durer jusqu'à la Révolution. En 1789, le Grand Orient de France est riche de 25 000 membres répartis dans 700 loges.

L'homme et Dieu

Les religions issues de la Bible demandent à leurs fidèles d'adhérer à leurs dogmes ou révélations, c'est la foi religieuse. Les déistes refusent ces dogmes et affirment que l'homme peut entrer en contact direct avec Dieu, tandis que les athées nient l'existence de Dieu ou de tout principe supérieur à l'homme, et que les agnostiques affirment que Dieu est inaccessible à l'esprit humain.

Premières condamnations des papes

L'une des particularités françaises est l'hostilité immédiate de l'Église, qui juge les maçons «*pas très catholiques*». En 1738 puis en 1751, deux papes successifs excommunient les francs-maçons accusés d'affaiblir l'Église catholique en admettant dans leurs rangs des protestants, des juifs, des déistes* et même des athées (*voir* encadré ci-contre). Le secret maçonnique est aussi condamné pour incompatibilité avec l'obligation de la confession. Pourtant, les fameux secrets maçonniques sont bien vite révélés au public par des ouvrages exposant les rituels des cérémonies et la signification des symboles. Les réactions papales portent leurs fruits en Espagne et au Portugal, où elles sont relayées par l'Inquisition, mais elles se heurtent en France au refus d'enregistrement de ces condamnations du pape par le parlement de Paris, souverain en la matière.

La franc-maçonnerie connaît en France au XVIIIe siècle un développement aussi important qu'en Grande-Bretagne. Mais dans un pays de tradition catholique et de monarchie absolue, le mouvement s'éloigne de l'Église et du pouvoir.

Les fils des Lumières

On appelle souvent les francs-maçons «fils de la Lumière», par référence à l'illumination qui leur vient de leur initiation; mais en ce XVIIIe siècle acquis aux idées des encyclopédistes (triomphe de la raison et de la science sur la superstition et la foi religieuse, création d'une société plus juste...), les frères représentent l'esprit du Siècle des lumières. Ils l'accompagnent plus qu'ils ne l'inspirent, car ils sont aussi conservateurs que progressistes. Quant aux femmes, juridiquement mineures, elles ne sont admises que dans des loges dites d'adoption, dont les initiations ne sont pas reconnues par les obédiences* masculines.

De la Révolution française à la Commune de Paris

Les francs-maçons n'ont pas été à l'origine de la Révolution française, mais c'est à cette époque que va naître un courant antimaçonnique, qui les accuse d'en être responsables. Du premier au second Empire, les frères évoluent au gré de la situation politique du pays, et le recrutement des francs-maçons suit le mouvement des idées.

Sous la Révolution

Il y a des frères aux états généraux de 1789, dont certains aristocrates comme La Fayette (1757-1834). Il y a des loges* républicaines pendant la Révolution, il y a des frères qui se reconnaissent dans la devise «Liberté, Égalité, Fraternité», mais il y a surtout beaucoup de loges fermées. Cependant, si de nombreux francs-maçons cessent leurs activités, si des frères aristocrates prennent le chemin de l'exil, la maçonnerie n'est jamais interdite pendant la période révolutionnaire. C'est aussi à cette époque qu'un prêtre exilé, du nom d'Augustin Barruel, va publier un ouvrage dans lequel il décrit le complot maçonnique contre l'Église et l'État, livre qui deviendra un classique de l'antimaçonnisme.

Rapprochement avec les compagnons du devoir

Pendant la Commune, des accords réunissent maçons et compagnons du devoir, mouvement ouvrier qui a retrouvé depuis peu les traditions et rites des associations compagnonniques de la fin du Moyen Âge (*voir* pp. 4-5) avec, en particulier, le fameux tour de France des apprentis.

Évolution de la franc-maçonnerie au XIXe siècle

Le mouvement renaît sous le Consulat (1799-1804), puis reprend force et vigueur sous le premier Empire (1804-1814/1815), tout en étant étroitement contrôlé par le pouvoir napoléonien. Au début du XIXe siècle, les maçons développent leurs œuvres de bienfaisance; c'est le temps où militaires et dignitaires des régimes qui se succèdent sont nombreux dans les loges, celles-ci demeurant ainsi inféodées aux pouvoirs qui passent. Après la restauration de l'autorité papale en France par le concordat de 1801, les prêtres quittent le mouvement. En 1830, les loges militaires disparaissent et l'aristocratie quitte la maçonnerie après que Louis-Philippe l'a repoussée pour ne

La Commune

Après la levée du siège de Paris par l'armée prussienne, mettant un terme à la guerre franco-allemande (1870-1871), une insurrection populaire prend le pouvoir dans la capitale de mars à mai 1871. Ce gouvernement révolutionnaire subit un nouveau siège par les troupes régulières du gouvernement de la IIIe République, basé à Versailles, qui a succédé en 1870 au second Empire.

pas perdre le soutien de l'Église. Le mouvement demeure jusqu'en 1860 majoritairement bourgeois, libéral et déiste*. Peu à peu cependant, la « prolétarisation » du Grand Orient commence : les classes aisées s'en vont, artisans et petits bourgeois les remplacent, et défendent les aspects philanthropiques de la maçonnerie en ouvrant des crèches, des asiles, des écoles…

Du second Empire à la Commune

Le second Empire (1852-1870) contraint des frères à l'exil ; la maçonnerie, tout juste tolérée, connaît une période de recul. Le Grand Orient devenu indépendant du pouvoir, qui avait noyauté la maçonnerie, est alors anti-impérialiste. Il tient des débats philosophiques et sociaux, dont les thèmes sont inspirés des idéaux socialistes : école gratuite, laïque et obligatoire (le franc-maçon Jean Macé fonde la Ligue française de l'enseignement en 1866), mutualité, droits des femmes… Sous la Commune (*voir* encadré), c'est à nouveau le déchirement entre des frères bourgeois légalistes* et des ouvriers révolutionnaires. Alors que certains frères se trouvent parmi les communards, d'autres tentent d'éviter les affrontements sanglants en parlementant en vain le 26 avril 1871 avec le gouvernement de Louis Adolphe Thiers (1797-1877). Puis, le 29 avril, 6000 frères revêtus de leurs insignes maçonniques défilent de l'Hôtel de Ville de Paris jusqu'aux barricades, sur lesquelles ils plantent leurs bannières. Après l'écrasement de la Commune, de nombreux maçons sont fusillés ou exilés jusqu'à l'amnistie de 1880. L'attitude pacifiste et courageuse des maçons parisiens lors de ce moment tragique de l'histoire de la France leur doivent, à la fin du siècle, de nombreuses adhésions dans les classes populaires.

Ballottée et écartelée sous la Révolution française, la franc-maçonnerie se transforme, au long du XIXe siècle, au fil des régimes politiques et de l'évolution de la société. Elle devient ainsi plus populaire, plus indépendante du pouvoir et de plus en plus hostile à l'Église catholique.

La franc-maçonnerie française devient républicaine

La devise révolutionnaire « Liberté, Égalité, Fraternité » fait son apparition sur les pièces de monnaie de la République française et au Grand Orient de France. La question sur la croyance en Dieu divise les francs-maçons. À la fin du XIXe siècle, quelques grandes idées des francs-maçons commencent à être appliquées dans le pays.

La querelle du Grand Architecte de l'Univers

Après la Commune (*voir* pp. 10-11), de vives réactions catholiques et monarchistes s'élèvent contre la République et… la franc-maçonnerie, accusée une fois de plus d'être complice des révolutionnaires. C'est dans ce climat que les frères du Grand Orient de France (GODF) votent à la majorité des députés du convent (assemblée générale de francs-maçons, *voir* pp. 22-23) de 1877 une motion supprimant l'obligation de croyance en Dieu et en l'immortalité de l'âme. L'obédience* institue ainsi une totale liberté de conscience pour ses membres : ils prêteront serment sur leur constitution, et ne s'engageront plus obligatoirement au nom du Grand Architecte de l'Univers*, mais selon un idéal de perfection de l'humanité. Les frères du Suprême Conseil de France (issu de la Grande Loge de France), qui suivent l'orientation du GODF, créent en 1880 la Grande Loge symbolique écossaise. Quant à la Grande Loge d'Angleterre, devenue Grande Loge unie d'Angleterre, considérant que le Grand Orient a transgressé l'un des *landmarks* fondamentaux de la maçonnerie (*voir* pp. 6-7), elle exclut ce dernier de la franc-maçonnerie dite régulière ; celle-ci s'opposera dès lors à la maçonnerie dite libérale représentée par le Grand Orient de France.

Intolérance

Sous l'emprise du scientisme* et de l'anticléricalisme*, certains francs-maçons se montrent aussi intolérants que leurs adversaires catholiques, soit en inspirant une tentative de dénonciation des adversaires supposés de la république au sein de l'armée (affaire des fiches*), soit en exigeant la dissolution des congrégations religieuses et la séparation des Églises et de l'État, qui interviendra en 1905.

La franc-maçonnerie et la république

Des idées débattues dans les loges maçonniques voient le jour en cette fin de siècle, telle l'école gratuite, laïque et obligatoire, instituée par le ministre de l'Instruction publique et franc-maçon Jules Ferry (1832-1893) en 1880 et 1881. Sous l'influence des idéaux socialistes, les maçons contribuent à défendre la république contre le boulangisme* et participent à la création de la Ligue des droits de l'homme en 1898. En 1894, le Suprême Conseil de France intègre les frères de la Grande Loge symbolique écossaise et prend le nom de Grande Loge de France, continuant à travailler *« à la gloire du Grand Architecte de l'Univers*. »* Si la nouvelle obédience est plus discrète que le Grand Orient, ses tendances sociales et politiques n'en sont pas très éloignées. Dès 1900, le Grand Orient se politise, surtout au travers de deux tendances dominantes, l'une socialiste à Paris, l'autre radicale en province. Une certaine déviation de l'obédience la conduit alors à s'impliquer dans un interventionnisme social et politique. Toutefois, cette présence dans les allées du pouvoir ne sera jamais aussi forte que maçons et antimaçons ont voulu le faire croire, contribuant ainsi à accréditer une mauvaise image de la maçonnerie dans le public.

Et les femmes ?

À la fin du XIXe siècle, certains maçons s'indignent de ce qu'un mouvement à l'avant-garde de l'humanité puisse encore exclure les femmes de ses rangs. L'un d'eux, le docteur Georges Martin, membre de la Grande Loge symbolique écossaise, initie une féministe militante, Maria Deraismes (1828-1894). Elle initiera à son tour quinze femmes, créant en 1893 la loge mixte du Droit humain, qui devient une obédience maçonnique en 1896. Puis elle fonde des loges en Suisse, en Angleterre, en Italie, aux États-Unis...

La maçonnerie libérale

Les loges sont ouvertes aux domestiques depuis la Révolution française de 1789, l'esclavage est aboli en 1848 par le franc-maçon Victor Schœlcher (1804-1893), député des Antilles. À cette époque, les frères se préoccupent du sort des ouvriers, du divorce, de la suppression de la peine de mort, des retraites, du droit à percevoir une allocation de chômage, autant de points qui ne seront pas près d'être adoptés par le pays, ce qui prouve la relative influence maçonnique auprès des élus. Dès le début du XXe siècle, des courants antimaçonniques et antisémites apparaissent chez les socialistes et dans les mouvements ouvriers, pour qui la maçonnerie prend un visage bourgeois.

Porteuse des valeurs qui fondent la IIIe République, la franc-maçonnerie française se mêle au combat politique et social, de 1873 à la veille de la Première Guerre mondiale. Le Grand Orient de France choisit la liberté de conscience et cesse de se référer au Grand Architecte de l'Univers.

Les francs-maçons au XXe siècle

Confrontée aux grands conflits mondiaux, interdite et persécutée par les régimes totalitaires, la franc-maçonnerie traverse les épreuves du XXe siècle. Après la Seconde Guerre mondiale, elle entreprend un parcours apaisé et discret.

GLFF : première obédience féminine française

1945 voit la naissance de la première obédience exclusivement féminine, qui prend en 1952 le nom de Grande Loge féminine de France. Elle est reconnue par les autres mouvements sauf par la Grande Loge nationale française (GLNF, *voir* pp. 22-23), ainsi que par les obédiences anglo-saxonnes, refusant toujours aux femmes le droit à l'initiation.

Un esprit internationaliste

Dès les années 1900, la franc-maçonnerie s'étend dans le monde entier. Partout ou presque, elle permet la rencontre d'individus de toutes origines, exerçant les métiers les plus divers. Seuls, obéissant aux directives communistes après la révolution soviétique, beaucoup de travailleurs de l'industrie repoussent la maçonnerie, qu'ils jugent bourgeoise et prosémite. Lors du premier conflit mondial, malgré leur pacifisme et leur volonté d'union par-delà les frontières, les francs-maçons soutiennent leurs pays respectifs. Tous œuvrent ensuite pour la constitution d'un organisme de maintien de la paix, qui trouve sa concrétisation dans la Société des Nations en 1919.

La franc-maçonnerie prend de la hauteur

En France, avec le recul du scientisme*, la Grande Loge se replie sur elle-même et s'éloigne du monde profane*.
Le Grand Orient lui-même revient aux sujets spirituels, tout en maintenant son intérêt pour les questions sociales. S'il demeure vigilant face au regain de l'Église catholique, il abandonne son anticléricalisme* étroit.
En 1913, un frère désireux de retrouver le sens profondément chrétien de la maçonnerie fonde la Grande Loge nationale indépendante et régulière pour la France et les colonies françaises. Le Droit humain (*voir* pp. 22-23) défend la dignité et les droits des populations autochtones dans les colonies françaises, malgré l'opposition farouche des colons.

La montée des périls

Partout où règnent le totalitarisme, l'arbitraire et le fanatisme, la franc-maçonnerie est exclue, voire persécutée. Dès 1925, Mussolini interdit la maçonnerie en Italie; en 1919, les frères sont mis hors la loi en URSS, et les communistes de tous les pays sont interdits de maçonnerie par leur parti. En 1926, une assemblée extraordinaire du Grand Orient s'inquiète de la montée du fascisme en France. Mais c'est l'Allemagne d'Hitler qui entame en 1933 la chasse aux maçons, suivie dès 1936 par l'Espagne franquiste puis par la France de Vichy (*voir* pp.16-17) en 1940.

L'après-guerre

En 1945, les francs-maçons du monde entier tentent de s'unifier mais n'y parviennent pas: ils se heurtent toujours au problème de leur position par rapport au Grand Architecte de l'Univers*. La maçonnerie renaît de ses cendres en Allemagne, mais disparaît dans les pays communistes. En France, elle est considérablement affaiblie. Des frères sont morts dans les camps ou dans les combats de la Résistance, d'autres ont trahi leurs idéaux, d'autres encore ne reprennent pas leurs activités maçonniques. Les grandes obédiences* se reforment lentement et reprennent leurs questionnements sociaux et humains (enseignement, défense de la paix, lutte contre l'alcoolisme; le planning familial est lancé en 1953...).

Aujourd'hui

En France, dès l'arrivée au pouvoir du général de Gaulle en 1958, la maçonnerie apparaît moins sur la scène politique. Elle voit sa présence parlementaire renforcée en 1981 et pendant la période socialiste. En 1985, toutes les obédiences sauf la Grande Loge nationale française (GLNF) se joignent à la Ligue contre le racisme et l'antisémitisme (LICRA), au Mouvement contre le racisme et pour l'amitié entre les peuples (MRAP), à la Ligue des droits de l'homme ainsi qu'à toutes les Églises de France pour un appel au respect de l'autre, à la solidarité, à plus de tolérance. En 1987, les obédiences maçonniques dénoncent le racisme dans le monde et la pauvreté des pays du Sud, et ne se manifestent plus qu'en de rares occasions (attentat antisémite de la rue Copernic à Paris en 1980, lois Bayrou sur l'enseignement en 1994...).

En Grande-Bretagne

N'ayant connu ni les problèmes des pays envahis par les marées fascistes, ni les querelles religieuses des pays latins, la Grande-Bretagne conserve une maçonnerie traditionaliste, où la famille royale et l'aristocratie ont toujours été présentes. Mais des signes de popularisation et de prise de distance avec l'Église anglicane apparaissent.

***Page de gauche* : Francs-maçons du Grand Orient de France manifestant pour la défense de l'école laïque.**

Les maçons subissent des persécutions dans la première moitié du XXe siècle. À présent, ils travaillent aussi bien sur le plan spirituel que social, et sont rejoints dans cette œuvre par des sœurs de plus en plus nombreuses.

1940-1945 : les francs-maçons dans la tourmente

Il n'est pas possible de parler de franc-maçonnerie sans évoquer ce qui s'est passé en France sous le régime de Vichy, pendant l'occupation allemande.

La franc-maçonnerie, bouc émissaire

– « ***C'est dans la loge (maçonnique) que se syndique tout ce que la synagogue et le monde métèque comptent de moins français.*** »
Charles Maurras (1868-1952). Écrivain, journaliste, théoricien nationaliste et monarchiste, qui a collaboré au régime de Vichy.

– « ***Le juif a dans la maçonnerie, qui est complètement tombée entre ses mains, un excellent instrument pour mener une lutte qui lui permet de parvenir à ses fins.*** »
Adolf Hitler (1889-1945)

– « ***Il faut détruire le complot maçonnique... Tout prouve que la philosophie franc-maçonne a consisté à dresser un dogme de laïcisme en opposition humaine à la mystique chrétienne.*** »
Maréchal Philippe Pétain ▶▶▶

Les prémices

À la veille de la Seconde Guerre mondiale, l'extrême droite monarchiste ou nationaliste et les mouvements fascistes dénoncent à la vindicte publique l'incessant complot judéo-maçonnique dirigé par des « *affairistes internationalistes, des combinards, des politiciens véreux ou des anticléricaux sectaires* ». Ces attaques ne sont pas sans effet, et un énorme scandale financier comme l'affaire Stavisky*, en 1933, mêlant banquiers, radicaux, escrocs et francs-maçons, contribue grandement à envenimer la situation. L'affaire amène d'ailleurs les obédiences* maçonniques à faire le ménage dans leurs rangs.

Le régime de Vichy

Les ennemis de la maçonnerie, des juifs et autres « indésirables », sont donc bien connus, et le malheur de la France veut qu'ils prennent le pouvoir en la personne de Philippe Pétain (1856-1951), après la défaite en 1940 devant l'Allemagne. Le maréchal et son entourage détestent les francs-maçons, et voient dans leur triomphe la revanche à prendre sur les valeurs de 1789, sur la république, sur l'avènement de la laïcité, sur l'affaire Dreyfus*... En 1940, une loi interdisant les sociétés secrètes permet de dissoudre les obédiences, bien que celles-ci soient des mouvements parfaitement connus des pouvoirs publics depuis la loi de 1901 sur les associations. La propagande du régime pétainiste présente les frères comme responsables de l'entrée en guerre de la France et de la défaite, comme des serviteurs des intérêts juifs étrangers, comme des suppôts de l'Angleterre et même du communisme international. Une grande exposition circule sur ces thèmes, dès 1940, dans tout le pays; le film *Forces occultes* coproduit par Français et Allemands présente au public la tragique destinée d'un jeune député abusé par les machinations diaboliques des (faux) frères. Certains

bâtiments maçonniques sont saccagés, la plupart sont séquestrés, les archives détruites ou égarées (certaines ont été retrouvées récemment en Russie où elles avaient été emmenées par les occupants soviétiques en Allemagne). Des centres antimaçons sont installés dans les sièges des obédiences, où des fonctionnaires du gouvernement de Vichy montent des fichiers et des dossiers sur les francs-maçons.

Les persécutions

Dès 1941, une brigade spécialisée traque les maçons avec l'aide des occupants, c'est la police des sociétés secrètes. La même année, des listes de francs-maçons sont publiées au *Journal officiel*, faisant état de 15000 noms recensés à partir de 75000 fiches, un chiffre bien supérieur au nombre de maçons de l'époque. Ces listes permettent d'exclure les frères de l'Administration et des fonctions électives, elles entraînent également l'arrestation de nombreux résistants par la milice ou la Gestapo. Déportés, des frères reconstitueront des loges* dans les camps de concentration, comme à Buchenwald en Allemagne. D'anciennes loges continuent à se réunir clandestinement, et des maçons mettent leur idéal au service de la Résistance. En 1943, le général de Gaulle signe une ordonnance qui annule les lois antimaçonniques de Vichy. De 1940 à 1944, 6000 frères sont inquiétés ou privés de leur emploi, 1000 sont déportés, 545 sont fusillés ou meurent en déportation pour appartenance à la Résistance, qui compte un groupe composé de francs-maçons: Patriam recuperare.

▶▶▶

– « [...] ***La maçonnerie doit disparaître, elle n'a plus de place dans le pays qu'elle a ensanglanté...*** »
Extrait d'une exposition sur la franc-maçonnerie organisée par le régime de Vichy en 1940 (photo *ci-contre*).

– « ***Une société qui choisit de se cacher est une société malsaine. Traitons-la comme une bête immonde.*** »
Colonel François de La Roque (1885-1946, fondateur d'un mouvement fasciste) dans *Le Petit Journal*, en 1941.

– « ***Après le terrorisme moyen-oriental et proche-oriental, voici le terrorisme grand-oriental.*** »
Jean-Marie Le Pen

Période sombre pour la plupart des Français, l'occupation allemande et le régime de Vichy anéantissent presque toute la franc-maçonnerie française, qui mettra des années à se relever de ce traumatisme.

La franc-maçonnerie dans le monde

La franc-maçonnerie anglo-saxonne est largement majoritaire dans l'univers maçonnique, dont le nombre de membres avoisine les six millions. Le modèle libéral s'est particulièrement développé dans les pays catholiques.

La maçonnerie féminine
Les femmes ont longtemps partagé avec les esclaves, les illettrés, les personnes difformes ou immorales l'exclusion du mouvement maçonnique. Aujourd'hui, le Droit humain (*voir* pp. 22-23) est présent dans le monde entier, et la Grande Loge féminine de France (GLFF) a essaimé à son tour aux États-Unis, en Afrique noire, au Portugal, en Turquie et en Europe de l'Est.

La franc-maçonnerie anglo-saxonne

La Grande Loge unie d'Angleterre se veut la gardienne de la tradition maçonnique. Elle proscrit tout contact avec la maçonnerie libérale qu'elle déclare irrégulière, et peut seule reconnaître comme authentique une obédience* en fonction de son observance des *landmarks* (*voir* pp. 6-7).

La franc-maçonnerie anglaise s'est répandue dans tous les pays anglophones, mais elle a aussi suivi le reflux de la présence britannique au Proche-Orient, en Afrique et en Asie. Cependant, dans les pays de peuplement anglo-saxon protestant, le succès du mouvement demeure considérable, au point que la franc-maçonnerie y détient un statut quasi officiel, et agit comme une organisation humanitaire. Si les femmes ne sont toujours pas admises parmi les frères anglo-saxons, elles sont associées à leurs travaux au travers de nombreux organismes « paramaçonniques ».

La situation aux États-Unis

La maçonnerie accompagne la naissance des États-Unis en 1787 avec l'initiation de Benjamin Franklin (1706-1790) et de George Washington (1732-1799). Après l'abolition de l'esclavage en 1863 par le frère Abraham Lincoln (1809-1865), les Noirs peuvent entrer en maçonnerie. Mais la situation actuelle n'est pas sans ambiguïté; car si rien ne s'oppose à la présence des deux communautés dans leurs obédiences respectives, il y a aujourd'hui une maçonnerie noire et une maçonnerie blanche aux États-Unis. Par ailleurs, le coût élevé des initiations dans les loges* blanches est un barrage pour les Noirs souvent peu fortunés.

Le modèle libéral

Né en France en 1877, il y est toujours nettement majoritaire dans la quasi-totalité des obédiences, à l'exception de la Grande Loge nationale française. En 1961, quarante-trois obédiences du monde entier se réunissent sur le thème de la liberté absolue de conscience. En fait, le modèle libéral et progressiste, né de la décision du Grand Orient de France de ne plus travailler à la gloire du Grand Architecte de l'Univers*, connaît ses plus grands succès dans les pays catholiques (*voir* ci-contre). À la suite de la décolonisation au début des années soixante, la maçonnerie s'est maintenue dans les pays les plus démocratiques d'Afrique noire francophone (Sénégal, Côte d'Ivoire, Cameroun…), où elle n'a pas toujours été exempte d'affairisme et d'élitisme.

Les terres réfractaires

Le tsar de toutes les Russies interdit la maçonnerie en 1821, l'Urss entérine cet oukase* que le communisme étend sur une partie de la planète. Depuis la chute du mur de Berlin en 1989, le mouvement repart avec difficulté en Russie où il se heurte à la vive renaissance de l'Église orthodoxe ainsi qu'aux vieux démons antimaçonniques et antisémites. La refloraison du maçonnisme est plus avancée et plus prometteuse dans les pays d'Europe de l'Est. En revanche, rejetée avec le colonisateur, exclue par l'emprise totale de la religion sur la vie quotidienne, assimilée à un agent du sionisme, la maçonnerie a presque disparu des pays islamiques, à l'exception du Maroc, où elle est surveillée par le pouvoir, et de la Turquie (constitutionnellement laïque). Pour des raisons religieuses, elle est également peu présente dans l'État théocratique d'Israël. Elle est enfin traditionnellement peu répandue en Extrême-Orient et en Asie centrale du fait de ses caractéristiques politiques, religieuses ou philosophiques.

Modèle libéral et indépendance

Dans les pays catholiques, le modèle libéral a inspiré les frères *libertadores* sud-américains dans leurs luttes pour l'indépendance : Simon Bolivar au Venezuela, Benito Juarez au Mexique, José de San Martin au Chili et au Pérou, et José Marti à Cuba, pays dont le régime communiste sera le seul à ne pas interdire le mouvement.

***Page de gauche* : Marie-France Coquard, Grande Maîtresse de la GLFF en 1996.**

De nos jours, la franc-maçonnerie est divisée en un ordre majoritaire anglophone, croyant en un Dieu révélé, et un courant libéral affirmant la liberté de conscience. La présence de la franc-maçonnerie coïncide avec la carte des pays démocratiques de la planète.

L'antimaçonnisme

Depuis son invention sous la Révolution française, l'idée d'un complot maçonnique n'a cessé de trouver des propagandistes. Mais si les attaques les plus délirantes appartiennent au passé, certains vieux démons veillent encore.

L'Église catholique

Les papes condamnent la maçonnerie en 1738, 1751, 1865 et 1884. Autant de bulles qui taxent les frères de membres de sectes nuisibles pour les Églises comme pour les États. Secret, refus des dogmes religieux, déisme*, athéisme, républicanisme, laïcisme, judaïsme…

Au XIXe siècle, ces fulminations demeurent sans effet notoire dans bien des pays, mais elles tournent au drame en Espagne, au Portugal et dans les États italiens, où des frères sont torturés et mis à mort.

En 1917, le Vatican assouplit sa position en parlant de « frères séparés », c'est-à-dire de frères égarés dans la communauté des hommes.

En 1983, l'excommunication est levée pour les catholiques maçons, qui demeurent cependant en état de péché grave. Cependant, la position papale n'empêche pas de nombreux catholiques de considérer le mouvement maçonnique avec respect.

Les fanatiques

On les trouve chez les intégristes des trois religions originaires de l'Ancien Testament (chrétiens, musulmans, juifs), du fait de leur intolérance ; on les trouve chez les monarchistes et autres partis ou groupes antirépublicains, qui prennent le pouvoir au XXe siècle en Espagne, au Portugal, en France, en Allemagne, en Amérique latine, ainsi que dans les pays communistes.

Aujourd'hui, en France, le Front national a le privilège de regrouper la plus grande partie des ennemis traditionnels de la maçonnerie, qu'il associe toujours étroitement aux juifs dans le sempiternel complot judéo-maçonnique.

Léo Taxil : la palme de la supercherie

À la fin du XIXe siècle, Gabriel Jogand-Pagès, alias Léo Taxil, ancien frère français déjà inquiété par la police pour escroquerie – raison de radiation de la maçonnerie – feint de se convertir au catholicisme. Il publie alors des *best-sellers*, où il révèle d'horribles secrets de la maçonnerie : apparitions de Satan en loge*, sacrifices humains, orgies, profanations d'hosties... Rien n'y manque, mais malgré l'aveu de ses supercheries en 1897, il est encore bien des gens pour croire que certains frères et sœurs ont les pieds fourchus !

Les mystificateurs

Dès son apparition, la franc-maçonnerie est victime des caricaturistes anglais et français, puis de son premier charlatan : Joseph Balsamo, alias Cagliostro. En 1784, cet aventurier crée une loge « égyptienne » où il invite la bonne société parisienne qu'il berne par ses talents d'illusionniste. Sous la Révolution de 1789, l'abbé Augustin Barruel codifie l'antimaçonnisme dans son *Mémoire pour servir à l'histoire du jacobinisme* (1798).
Il trouve son pendant antisémite dès 1903 dans le *Protocole des sages de Sion* annonçant la domination juive mondiale, un faux conçu par la police tsariste pour justifier les déportations antisémites en Russie.

Les francs-maçons

Les frères ont aussi mérité le bonnet d'âne en certaines circonstances : avec le zèle dogmatique et anticlérical* des hussards noirs* et autres « bouffeurs de curés » qui ont voulu déchristianiser l'Administration française et ont contribué au scandale de l'affaire des fiches*, avec les politiciens véreux compromis dans l'affaire Stavisky*, avec l'incroyable loge sauvage P2, créée en 1974 en Italie en dehors du contrôle de la Grande Loge d'Italie, et accusée de toutes sortes d'activités lucratives fort éloignées des idéaux maçonniques.
En fait, la maçonnerie est attentive à son recrutement, mais comme elle n'est justement pas une société secrète, elle ne peut pas toujours éviter qu'entrent dans ses loges des individus qui entendent se servir d'elle comme d'un réseau relationnel (d'un point de vue économique notamment).

Religieuses, politiques ou fantaisistes, les attaques n'ont jamais manqué contre la maçonnerie. Si la plupart revêtent désormais un aspect folklorique, certaines menaces pèsent toujours sur les frères et les sœurs.

Les obédiences

L'ordre maçonnique recouvre l'ensemble du mouvement, composé d'un certain nombre d'obédiences qui fédèrent des loges, bases de la vie maçonnique. Voyage à l'intérieur des obédiences.

Remarque

Compte tenu de leur fluctuation permanente (initiations, décès, radiations...), les chiffres donnés sur la maçonnerie actuelle ne peuvent être qu'approximatifs.

***Ci-contre* : façade de l'hôtel du GODF à Paris.**

Organisation type d'une obédience : le GODF

– Le pouvoir exécutif du GODF est assuré par un conseil de l'ordre de trente-trois membres, élus au cours de congrès régionaux et confirmés par un vote du convent (assemblée générale annuelle comprenant un représentant élu de chaque loge). Le conseil, renouvelé par tiers tous les ans, élit chaque année l'un des siens à la fonction de Grand Maître. ▶▶▶

La notion d'obédience

L'histoire de la maçonnerie spéculative* est fertile en scissions et regroupements, qui ont abouti au paysage maçonnique contemporain, riche de nombreuses obédiences. En France, une obédience a le statut et le fonctionnement d'une association loi 1901. La personnalité et les rites de chaque obédience sont définis par une constitution.

Le Grand Orient de France

Avec 38 000 membres répartis dans près de 900 loges, dont certaines hors de l'Hexagone (Asie, Afrique, Océanie, Amérique centrale et Amérique latine, Israël, Québec, Londres, New York...), c'est la principale obédience française. Le GODF pratique presque exclusivement le rite français (rite dépouillé de toute référence divine) et admet des frères ouvertement athées. Engagé dans les débats du monde, le GODF s'extériorise (il fait connaître publiquement sa position) par voie de presse, par des conférences, ou en participant à des manifestations. Il reconnaît la maçonnerie féminine, mais n'initie pas de femmes, la réception des sœurs « en visite » étant laissée à l'initiative des loges.

La Grande Loge de France

La GLDF regroupe près de 24 000 frères dans plus de 600 loges. Elle pratique exclusivement le rite écossais ancien et accepté (REAA, *voir* pp. 26-27), d'inspiration déiste. Le Grand Architecte de l'Univers* y est considéré comme un symbole ouvert à toutes les interprétations, ce qui permet aux loges d'accueillir des libres-penseurs. La GLDF s'extériorise peu et ses travaux sont moins engagés dans les affaires du monde que ceux du GODF. L'obédience reconnaît la maçonnerie féminine mais ne reçoit pas les sœurs.

La Grande Loge nationale française

La GLNF comprend près de 20 000 frères travaillant dans plus de 600 loges qui se distinguent selon différents rites christiques. La GLNF ne s'extériorise pas et interdit dans ses loges tout débat autre que maçonnique. Seule obédience française reconnue par la maçonnerie anglaise, elle ne reçoit que des hommes croyant en un Dieu révélé ; elle n'admet pas l'initiation des femmes et n'a aucun contact avec les autres francs-maçons de l'Hexagone.

La Fédération du droit humain ou Droit humain

Le DH compte plus de 13 000 frères et sœurs, répartis dans plus de 300 loges en France. Bien implantée en province et dans 40 pays étrangers, c'est la seule grande obédience mixte. Elle pratique différents rites (chrétiens ou non) et reçoit les frères et sœurs des autres obédiences.

La Grande Loge féminine de France

Avec 9 000 sœurs appartenant à près de 300 loges, c'est la seule obédience exclusivement féminine (déiste ou non). Établie dans toute la France et dans une dizaine de pays étrangers, la GLFF reçoit les frères lors de ses travaux, qu'elle pratique suivant le rite écossais ancien et accepté ou le rite français (RF, *voir* pp. 26-27).

D'autres obédiences

Il existe d'autres obédiences en France, regroupant plusieurs milliers d'adhérents : La Grande Loge symbolique et traditionnelle, libérale et spiritualiste, issue de la GLNF, Le rite ancien et primitif de Memphis-Misraïm, obédience internationale mixte, la Grande Loge mixte universelle (GLMU), scission du DH… Il existe aussi des « obédiences » microscopiques autoproclamées, qui échappent aux règles électives démocratiques de la franc-maçonnerie. Il existe enfin des groupements des plus douteux, véritables sectes qui empruntent à la maçonnerie ses rites et langages.

▶▶▶
Celui-ci ne peut exercer sa fonction plus de trois ans.
– Le pouvoir législatif est dévolu au convent. Il élit son président, ses officiers, discute et vote le rapport moral du Grand Maître, examine et vote le budget, il adopte le rapport de synthèse sur des questions étudiées par les loges, modifie éventuellement la constitution et les règlements généraux…
– Le pouvoir judiciaire : cette organisation, très proche de celles des autres grandes obédiences, comprend une justice indépendante du pouvoir exécutif.

L'ordre maçonnique est réparti en obédiences qui regroupent des loges. Celles-ci travaillent suivant des rites dont la différence essentielle repose sur l'acceptation ou le refus d'un principe divin.

La loge

La loge, ou atelier, désigne à la fois le lieu où se réunissent les francs-maçons et le groupe de frères ou sœurs qui y travaillent. Voyage dans les loges.

L'unité de base maçonnique

Dotée du statut d'association loi 1901, la loge possède sa personnalité juridique propre (avec un règlement, une trésorerie par exemple). Elle collecte les cotisations annuelles (capitation) de ses membres dont elle reverse une partie à l'obédience*, notamment pour la location du local dans lequel elle tient ses réunions (tenues*). Dans certains cas, un bâtiment peut abriter les loges de différentes obédiences qui s'y réunissent à tour de rôle. Les loges dites «bleues» regroupent la totalité des maçons des trois grades (apprenti, compagnon, maître). Il existe d'autres loges, coiffées par des structures particulières parallèles aux obédiences, dites loges de haut grade (un dixième environ des francs-maçons y travaillent au perfectionnement des connaissances acquises dans les loges bleues).

Le temple

Sans ouverture extérieure, c'est le lieu dans lequel se retrouvent les membres d'une loge. Située à l'occident, son entrée est précédée d'un vestibule (parvis) et flanquée des deux colonnes marquées des lettres hébraïques J (*Jakin*, ou «solide») et B (*Boaz*, ou «force»), qui évoquent le temple de Salomon. Le plafond du temple représente une voûte étoilée, et son plancher est en partie recouvert d'un dallage noir et blanc (le pavé mosaïque) symbolisant l'équilibre du maçon qui marche sur le fil du rasoir (entre le blanc et le noir). Le président de la loge (vénérable*) siège à l'orient; devant lui sont posés une pierre brute et une pierre taillée (cubique), ainsi que le livre de la loi (Bible ou constitution de l'obédience) surmonté de l'équerre et du compas.

L'organisation de la loge

Les membres de la loge (à l'exception des apprentis dans certaines d'entre elles) élisent chaque année leur vénérable, qui ne peut exercer son mandat au-delà de trois ans.

Un nom et un numéro

Les loges portent un numéro et un nom, qui reflète des valeurs ou des symboles maçonniques (Tolérance, Justice, Delphes, La Rose du Parfait Silence...), ou, plus rarement, elles empruntent des noms de francs-maçons (Victor Schœlcher, Clémence Royer, Louise Michel...).

Place des officiers dans le temple

Une place bien précise est attribuée à chaque officier, aux points extrêmes du « sceau de Salomon ». Voici deux exemples :

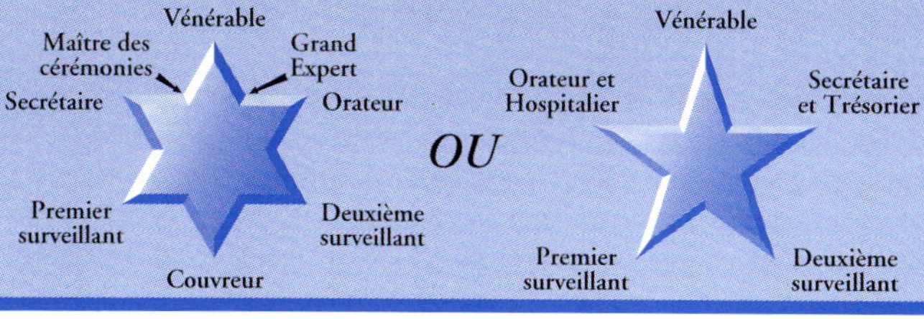

Le vénérable est assisté par un collège d'officiers (élection pour un an renouvelable deux ans) qui comprend neuf membres : les deux surveillants secondent le vénérable et assurent la formation des apprentis et compagnons ; le secrétaire rend compte des travaux ; l'orateur garantit la bonne application des règles de l'obédience et présente des conclusions à l'issue des travaux ; le maître des cérémonies et le grand expert veillent au bon déroulement du rituel (ouverture et fermeture des travaux, déplacements des maçons dans la loge, initiations et autres cérémonies) ; le trésorier gère les comptes ; l'hospitalier est responsable des œuvres de bienfaisance de la loge et de l'assistance à ses membres en difficulté matérielle ou morale ; le couvreur garde la porte du temple. D'autres postes peuvent exister, comme celui de maître des banquets, responsable des repas ou agapes.

Les membres de la loge

Les apprentis se placent sur le côté (la colonne) nord du temple, les compagnons se placent sur le côté sud et les maîtres où ils veulent. L'effectif d'une loge varie en moyenne d'une trentaine à une centaine de membres. Au-delà de cent membres, il est difficile de faire vivre un groupe (attribution d'un temps de parole, travaux, bonne connaissance des uns et des autres). La loge se scinde alors pour en créer une autre. Un maçon peut appartenir à une ou plusieurs loges, et il peut participer aux travaux des loges d'une obédience qui reconnaît la sienne : on dit alors qu'il voyage et rend visite à cette loge. La loge tente de trouver un équilibre dans son recrutement, afin de refléter le plus fidèlement possible le monde profane*.

Assemblés dans un temple décoré de symboles maçonniques, frères et sœurs se réunissent, en moyenne deux fois par mois, par loges ou ateliers, groupes de plusieurs dizaines de personnes dirigés par des officiers élus chaque année.

La vie en loge

« *Demandez, vous recevrez. Cherchez, vous trouverez. Frappez et l'on vous ouvrira.* » Ces phrases de bienvenue sont extraites d'un rituel maçonnique, l'un des éléments qui rythment la vie des frères et des sœurs.

Rites et rituels

Dans tout mouvement spirituel, un rite correspond à l'ensemble des règles et des cérémonies, et le rituel est le manuel qui permet de les diriger. La franc-maçonnerie est riche en rites : rite français, rite écossais ancien et accepté, rite écossais rectifié, rite émulation, rite de Misraïm… Au-delà de leurs différences, tous ces rites proviennent d'un tronc commun fondamental et chacun est accessible à l'universalité des francs-maçons. De même, les rituels d'un même rite peuvent diverger d'une loge* à l'autre dans la même obédience*, mais il s'agit alors d'éléments mineurs découlant de la personnalité de chaque loge.

Francs-maçons en Grande-Bretagne.

Améliorer une capacité d'attention

L'observation d'un rite et de son rituel n'est pas pour les maçons une gesticulation vide de sens. Ouverture et fermeture de la tenue, déplacements, paroles, gestes, musique (à certains moments seulement) servent tout d'abord à faire pénétrer les membres de la loge dans un espace et un temps différents du monde profane* qu'ils quittent en entrant dans le temple. Rite et rituel apparaissent alors comme des moyens d'améliorer une capacité d'attention aux autres qui est souvent absente dans la vie profane du fait des passions et des affrontements. Les discussions sont conduites selon une méthode de travail originale d'une grande modernité, quoique inventée depuis son origine au XVIIIe siècle, et dont se sont inspirés les spécialistes du travail de groupe.

Hors de la loge
Le rituel peut s'appliquer en dehors de la loge ; il est alors joyeux pour un banquet ou recueilli pour un enterrement. Il peut également concerner des fêtes comme les solstices d'hiver et d'été (21 décembre et 21 juin) et se tenir en pleine nature.

Un groupe serein

Conférencier ou intervenant, le maçon bénéficie d'un temps de parole limité (environ vingt minutes et pas plus d'une demi-heure), il n'est pas jugé sur son intervention. Chacun peut ainsi s'exprimer librement sans être interrompu. Cela n'empêche pas la contradiction, mais dans un esprit constructif. Cette atmosphère de sérénité règne sur chaque tenue, quels que soient les sujets abordés. Ainsi, au fil des tenues, les maçons assidus apprennent à se connaître et à s'apprécier, et réalisent une union spirituelle, qui aboutit à une parfaite cohésion du groupe.

Les tenues

L'année maçonnique se déroule de septembre à juin. Les tenues ont lieu deux fois par mois et durent en moyenne trois heures. Sur les bancs, les apprentis subissent l'épreuve du silence, mais suivent une formation hors de la loge. Les compagnons parlent, mais ils n'ont pas tous les droits maçonniques. C'est pourquoi ils ne sont pas admis, par exemple, à une tenue utilisant des symboles enseignés au grade de maître. Dans la maçonnerie libérale, les tenues ne sont pas exclusivement réservées aux frères et sœurs. Certains jours, des tenues dites « blanches fermées » admettent des conférenciers profanes, et des tenues dites « blanches ouvertes » admettent des profanes dans l'assistance.

Guidés par les rites et rituels de leurs obédiences, les maçons se réunissent et travaillent dans la sérénité.

L'originalité maçonnique

La franc-maçonnerie est un mouvement qui ne prétend à aucun pouvoir temporel ou spirituel, et ne va pas au-devant des profanes du fait de son caractère initiatique.

Blackbouler

De l'anglais *black* – « noir » – et *ball* – « boule » –, le verbe blackbouler vient de la franc-maçonnerie. Lorsqu'un profane passe son audition devant la loge, les membres présents votent au moyen de boules blanches (acceptation) ou noires (refus).

Comment devient-on franc-maçon ?

Si l'on n'est pas dans une famille où il y a des maçons, les sources d'information sur la maçonnerie ne manquent pas : ouvrages par milliers, émissions régulières de radio ou de télévision, articles de journaux. Une discussion avec des amis peut aussi être un déclencheur de l'intérêt pour un mouvement qui s'interdit le prosélytisme (recrutement) du fait de son caractère initiatique. En France, le candidat doit jouir d'une bonne réputation morale, avoir une instruction de base, et ne doit pas appartenir à une organisation raciste ou antidémocratique. Il faut avoir la majorité légale, car l'entrée en maçonnerie résulte d'une première réflexion sur le monde et sur soi, ce qui requiert un minimum de maturité. Le candidat peut être parrainé, mais s'il ne connaît aucun maçon, il écrit à l'adresse des obédiences*, qui l'orienteront sur la loge* la plus proche de son domicile, ou sur une loge cherchant à se renforcer en effectifs. Le profane* rencontre alors le vénérable*, qu'il informe de sa démarche ; puis il s'entretient avec trois maîtres qui peuvent ainsi cerner sa personnalité et sa disponibilité. La loge écoutera ensuite leurs rapports avant d'auditionner le candidat.

Enfin, les membres de la loge votent son acceptation, son ajournement ou son refus. Dans ce dernier cas, il peut se présenter devant une autre loge.

Portrait type

Riche ou pauvre, Noir ou Blanc, jeune ou vieux, homme ou femme, croyant ou non, le franc-maçon (et particulièrement le maçon libéral) échappe à tout profil socioprofessionnel ; mais ceux qui enseignent, ceux qui défendent les valeurs de la république, ceux qui sont confrontés à

Le petit temple du Grand Orient de France à Paris.

la douleur et à la mort sont plus représentés dans le mouvement que les hommes d'affaires ; il y a des loges spéciales pour les gens du voyage (comédiens, artistes de cirque…). En fait, plus que l'origine, c'est la multiplicité des motivations qui rend ce portrait impossible, car si l'un est en quête de philosophie, un autre se passionne pour l'apprentissage et la pratique des symboles, un autre encore recherche un centre de réflexion sur les grands problèmes posés à la société.

Une organisation sans contrainte

Ainsi, de même que tout profane se fait son idée de la franc-maçonnerie, tout maçon la vit à sa façon, sans contrainte. Le franc-maçon se définit comme « *un maçon libre dans une loge libre* », et c'est là la grande originalité d'un mouvement sans dogme, sans réelle doctrine, dont les adeptes demeurent à chaque instant maîtres de leurs idées. Il est sans doute difficile de trouver un autre type d'organisation qui ait si peu de critères d'exclusion (argent, profession, classe sociale, âge, forme physique, doctrine politique, croyance religieuse, appartenance ethnique ou nationale…).
À l'intérieur des temples, une seule qualité est reconnue, celle de frère ou sœur, tous unis par une même initiation.

Libres de toute obligation de penser ou d'agir, les francs-maçons sont un miroir de la société qui les entoure. Et leur grande diversité quant à leurs origines les enrichit.

Les francs-maçons et la société

Depuis leur origine, les francs-maçons spéculatifs* ont évolué comme les sociétés dans lesquelles ils ont vécu. En France, en phase avec le monde moderne sans renier leurs traditions, ils sont attentifs au respect des valeurs de la république.

Une force de réflexion

La république n'est plus menacée, l'Église catholique s'est fait une raison. Le traumatisme de Vichy (*voir* pp. 16-17) s'est estompé, les francs-maçons français peuvent respirer et affirmer leur qualité sans honte, sans avoir à dévoiler quelque secret que ce soit. S'ils se sont éloignés des affaires publiques, ils sont toujours tentés par l'action, notamment au Grand Orient de France (GODF, *voir* pp. 22-23), dont beaucoup de frères appliquent dans la vie profane* les réflexions faites en loge*, dans le cadre d'organisations humanitaires, sociales, politiques ou culturelles. Les francs-maçons constituent toujours une force de réflexion par leur nombre et leur diversité, et ils continuent de veiller sur la sauvegarde des valeurs de tolérance, de liberté et de justice qui fondent la société française.

Organismes « paramaçonniques »
Il existe des organismes paramaçonniques animés par des maçons : colonies de vacances, orphelinats, clubs de réflexions philosophiques, organismes d'entraide et de secours travaillant avec les associations humanitaires...

Activités maçonniques

À l'opposé de maçons un peu trop extériorisés, certains frères et sœurs se plongent dans les douceurs de la vie maçonnique et s'y confinent dans une érudition interne. D'autres se regroupent par centres d'intérêt professionnels, ce qui part d'un bon sentiment (réflexion sur un métier, sur l'enseignement...) mais peut aboutir, au travers de ces groupes non officiels appelés « fraternelles », à l'un de ces détournements de la maçonnerie si souvent dénoncés par ses ennemis (se servir d'elle comme d'un réseau relationnel par exemple).

Les sœurs

La maçonnerie féminine est tout à fait représentative de l'évolution de la société française depuis le XVIIIe siècle. À l'origine, les femmes sont exclues du mouvement comme mineures au sens juridique du terme et sous le prétexte fallacieux qu'il n'y avait pas de femmes chez les maçons opératifs*. Puis elles frappent à la porte des temples (*voir* pp. 12-13) à la fin du XIXe siècle, époque des premiers mouvements féministes. Après la Seconde Guerre mondiale, les femmes se constituent en obédience*. Et la Grande Loge féminine de France (GLFF) prend son essor avec les mouvements de libération de la femme des années soixante-dix, au point que sœurs et militantes se confondent souvent. Aujourd'hui, le recrutement des maçonnes est tout aussi diversifié que celui des maçons (*voir* pp. 28-29). Quant à la mixité, elle ne fait pas plus l'unanimité chez les sœurs que chez les frères.

La libre-pensée

Pour beaucoup de gens, la franc-maçonnerie signifie libre-pensée. En fait, de même qu'il y a une maçonnerie religieuse, il existe un mouvement de libre-pensée qui n'est pas franc-maçon, mais qui partage avec la maçonnerie libérale (*voir* pp. 18-19) la promotion de la liberté de conscience et donc de la laïcité. La liberté de penser trouve sa source dans la Grèce antique quand les philosophes ont commencé à mettre en doute leurs dieux, pour substituer aux mythes une explication du monde fondée sur l'observation et la raison. Exclus comme athées de la franc-maçonnerie chrétienne des origines, les libres-penseurs modernes apparaissent au XVIIIe siècle et développent au siècle suivant une critique antireligieuse au travers d'un mouvement populaire et rationaliste. Aujourd'hui membre d'une Union mondiale, la Libre-Pensée française est forte de nombreux adhérents, dont la plupart sont hostiles à tout rapprochement avec une Église.

Les francs-maçons des deux sexes réfléchissent aujourd'hui dans leurs temples et peuvent agir dans le monde profane en accord avec leurs idées. Mais si celles-ci coïncident en bien des points avec la Libre-Pensée, ce mouvement n'a rien de maçonnique.

L'initiation

De tous temps, l'homme a exprimé par des représentations symboliques son accès à une connaissance supérieure de lui-même ou du monde. Parcours initiatique.

Nous sommes tous des initiés

Dès sa naissance, l'homme entreprend le voyage qui le conduit à la mort, et son esprit s'interroge très vite sur la signification de ce bref passage terrestre. Tous les grands récits mythiques racontent des voyages qui sont autant de quêtes de l'homme sur le mystère de la vie humaine (Ulysse, Jason, Sindbad, la quête du Graal…). Chaque être humain suit naturellement une voie initiatique comportant des étapes naturelles : enfance, adolescence, âge adulte, école, métier, mariage… Les rites (révolte contre les parents, indépendance…) correspondant à ces mutations sont vécus de manière inconsciente ; mais depuis fort longtemps, les sociétés humaines les plus diverses ont voulu aider leurs membres à vivre ces passages, d'où les rites d'initiation.

Gravure de la fin du XIXe siècle représentant l'initiation d'une apprentie maçonne dans une loge féminine : ici, l'épreuve symbolique du faux pas.

Les rites initiatiques

Le peu que l'on sait des sociétés initiatiques de l'Antiquité se retrouve dans tous les rites d'initiation du monde, et découle des grands mythes revécus au cours des initiations (mort et renaissance de Mithra, Osiris, Bouddha, Jésus, Hiram…). En créant une spiritualité nouvelle, les francs-maçons ont trouvé dans la Bible un personnage mythique, Hiram (*voir* pp. 4-5), qui leur servira de guide pour apprendre à mourir symboliquement, puis à renaître à la connaissance vers laquelle ils vont cheminer par degrés. Outre cette voie, l'initiation ouvre au franc-maçon la porte d'une méthode de travail philosophique et d'un enseignement moral.

L'initiation maçonnique

Le profane* admis par les membres d'une loge* se retrouve généralement avec deux ou trois autres postulants pour subir son initiation au grade d'apprenti. Il est tout d'abord admis (dans le cas de la maçonnerie libérale) dans une chambre obscure où il réfléchit encore à sa décision et rédige un testament philosophique, qui atteste de sa volonté de changer en lui l'homme des préjugés et des passions mauvaises. Puis, comme il vient d'un monde de ténèbres, il vit son initiation les yeux couverts d'un bandeau qu'on lui enlèvera à l'issue de la cérémonie lorsqu'il accédera à la lumière. Le symbole est évident et universel: le profane meurt à sa vie antérieure et renaît à une vie nouvelle. Au cours de la cérémonie, il accomplit un certain nombre de voyages qui l'éloignent du tumulte de l'univers profane pour le faire accéder au monde serein de la lumière.

Les trois degrés de la connaissance

Au cours de son initiation, l'apprenti reçoit les outils de son grade (équerre, compas, maillet, ciseau...) avec lesquels il pourra entreprendre de tailler sa pierre brute pour bâtir son temple intérieur. Lors de ses passages aux grades de compagnon et maître (exprimés symboliquement par le terme d'augmentation de salaire), il recevra d'autres outils (règle, levier), il connaîtra d'autres nombres, d'autres symboles (étoile flamboyante, lettre G...), d'autres mots, signes et attouchements*, lui permettant d'enrichir sa symbolique et de suivre les rituels correspondant aux différents grades. Mais c'est l'initiation au grade de maître qui lui fait accéder à la pleine compréhension des symboles qui lui ont été proposés lors de son entrée en maçonnerie. La mort d'Hiram et sa résurrection dans chaque maître au cours de la cérémonie retrouve ainsi le sens profond de tous les courants initiatiques de l'humanité: on meurt à la vie profane et on renaît à la vie d'initié.

Laisser les métaux à la porte du temple

Au début de son initiation, le profane abandonne tous les métaux qu'il porte sur lui (montre, monnaie...). C'est l'un des premiers exemples du langage symbolique qui lui est enseigné, car désormais il « *laissera les métaux à la porte du temple* » pour exprimer le rejet des vanités et ambitions du monde profane.

L'initiation maçonnique reproduit au cours de différentes cérémonies le passage graduel de tout être humain des ténèbres de l'ignorance à la lumière de la connaissance.

Le secret ou la discrétion ?

La porte du temple est fermée, il faut être initié pour connaître les rites, rituels et symboles. Que de mystères ! Mais les secrets ne sont pas là où on les attend.

Initiation et élitisme

On relie souvent le terme d'initié (délit d'initié en Bourse...) à celui qui bénéficie d'informations ou de privilèges qui ne sont pas à la portée de tout le monde. L'initiation maçonnique n'est pas à prendre dans ce sens, car si elle ne concerne que ceux qui ont demandé à la suivre, la maçonnerie est ouverte à tous.

La discrétion

Dans les pays anglo-saxons, qui n'ont jamais connu d'hostilité à la maçonnerie, les frères sont aussi publiquement connus que les membres du Rotary et du Lions club. Mais si dans certains pays, et c'est le cas de la France, les francs-maçons ne font pas spontanément état de leur qualité, cela peut se comprendre en se reportant à l'histoire. De nouvelles persécutions sont toujours possibles, il suffit de voir le retour actuel de l'antimaçonnisme dans certains pays de l'Est pour s'en convaincre. D'autres raisons peuvent expliquer cette discrétion : volonté de préserver sa vie privée, difficulté à expliquer sa démarche, indifférence ou incompréhension de son environnement... Tout franc-maçon est par ailleurs parfaitement libre de révéler sa qualité à qui il veut ; en revanche, il ne doit pas révéler celle d'un frère ou d'une sœur à un profane*.

L'île au trésor

Il n'y a pas de secret maçonnique dans le sens où l'entendent les romans et les films d'aventure. Il n'y a pas de formule magique qui ouvre la caverne au trésor, pas même au sens symbolique, puisque la maçonnerie enseigne qu'elle n'a pas de sésame pour faire découvrir sa richesse intérieure, mais propose simplement une méthode et des outils de travail. Alors, si tout est connu, depuis le bandeau de l'apprenti jusqu'à l'initiation du maître, où se niche le trésor caché ? Où est la pierre philosophale ?

Le secret

La véritable richesse maçonnique ne peut pas plus se communiquer au profane que le parfum d'un gâteau au chocolat à qui n'en a jamais mangé. En effet, le secret maçonnique réside dans la poursuite patiente et continue du travail qu'accomplissent entre eux des hommes et des femmes. Ils apprennent ainsi à se connaître eux-mêmes, autant qu'à mieux connaître les autres. En observant le rituel, en participant à la vie de la loge*, en débattant de sujets collectifs ou individuels, en partageant des repas, en recevant de nouveaux membres et en les formant, en offrant au-dehors les bénéfices de leurs travaux, les francs-maçons vivent une expérience humaine, chaleureuse, fraternelle, spirituelle.

Valeur de l'initiation

L'initiation apporte une cohésion totale à un groupe qui a vécu les mêmes moments d'intensité, qui a pris les mêmes engagements, qui découvre et maîtrise peu à peu la poésie et la puissance d'évocation du langage des symboles (*voir* pp. 40-41). En ce sens, l'initiation ne se résume pas aux cérémonies de ce nom, mais s'étend à la vie entière du maçon.

Le silence

Organisation discrète, loin du bruit et de la fureur du monde profane, la franc-maçonnerie regroupe des associations dont les dirigeants publiquement connus ne sont pas assimilables aux chefs encagoulés de quelque société secrète. Le travail n'y dépasse pas le seuil des loges la plupart du temps. Un travail qui prend la forme de conférences ou de débats sur des sujets d'ordre symbolique et philosophique, et qui porte aussi, dans la maçonnerie libérale, sur des thèmes sociaux ou économiques (bioéthique, laïcité, univers carcéral, sectes…). C'est uniquement sur ce qui se dit en loge que les frères et sœurs s'engagent à garder le silence; non pour le caractère confidentiel des propos tenus, mais pour cette simple raison que les paroles échangées appartiennent à ce temps et cet espace qu'ils ont créés ensemble, hors du monde profane. Cette question du silence est étendue par certaines obédiences* à toute prise de position dans les affaires du monde. De même que certaines obédiences ne reçoivent jamais de profanes dans leurs temples.

Tout est en librairie

Depuis l'origine du mouvement, il est possible à qui le veut d'acheter en librairie l'un des milliers d'ouvrages sur la franc-maçonnerie et ses mystères (histoire, organisations, signes, attouchements*, mots, etc.). Ils sont écrits par des maçons aussi bien que par des profanes qui en connaissent souvent plus sur la maçonnerie que bien des frères et sœurs. Mais l'essentiel n'est pas dans ce genre d'informations ou de révélations.

La franc-maçonnerie n'a pas d'autres secrets que le bonheur éprouvé à travailler dans la fraternité.

« *Connais-toi toi-même !* »

Démarche humaniste, la franc-maçonnerie est une école de pensée originale qui vise à améliorer celui qui la pratique.

La recherche de la vérité

«*Connais-toi toi-même!*» La maxime célèbre du philosophe grec Platon (427-347 av. J.-C., photo *ci-contre*) est tellement proche de la démarche des frères et sœurs qu'elle figure au mur de bien des bâtiments maçonniques. Comme l'exprimait Platon, c'est en faisant un effort pour se mieux connaître que l'on peut acquérir un peu de la sagesse nécessaire pour mieux comprendre le monde qui nous entoure. La philosophie («amour de la sagesse» en grec) morale ne vise pas à autre chose. Explorer notre corps et notre esprit, c'est pouvoir mieux s'apprécier et mieux apprécier les autres, c'est rechercher inlassablement une vérité insaisissable, car elle est, selon les termes de Jacques Brel (1929-1978), qui a fait un bout de chemin avec les maçons, «*une inaccessible étoile*». Tels sont les grands principes de la quête maçonnique, exprimés au travers de la pratique du rituel et du langage symbolique (*voir* pp. 40-41).

Le travail maçonnique

Celui qui pénètre dans l'univers maçonnique doit se défaire des habitudes prises dans un monde voué à la confusion et à la précipitation. Un monde où les rapports humains, qu'ils soient professionnels, politiques, syndicaux, voire amicaux, sont régis par l'affrontement et la domination. Si le franc-maçon «*a laissé ses métaux à la porte du temple*» (*voir* pp. 32-33), ce n'est pas pour entrer dans une société ou «*tout le monde il est beau, tout le monde il est gentil*». Frères et sœurs gardent leur personnalité, leur lucidité et leur insolence, mais ils la mettent au service d'une volonté de construire. Quant à l'effet bénéfique apporté par la fréquentation d'une loge*, s'il peut être comparé à celui du travail de groupe considéré comme une thérapie, il ne doit pas être recherché comme moyen thérapeutique par une âme en perdition. La maçonnerie n'est en effet ni une secte détentrice d'une vérité salvatrice, car la loge est un espace de liberté et non de lavage de cerveau, ni un système de cure psychanalytique, car la loge apporte beaucoup au maçon, mais elle lui demande aussi beaucoup.

Humilité et apprentissage

Dans son cheminement, après avoir fait part à ses nouveaux frères de ses impressions d'initiation, l'apprenti commence par se taire. Belle école d'humilité! Certaines personnalités auraient été blackboulées (*voir* pp. 28-29) parce qu'elles refusaient cette atteinte à leur vanité.

Cette mise à l'épreuve dure en moyenne un an, mais elle peut aller au-delà si l'apprenti n'est pas assidu. Au bout d'un an, l'apprenti est admis à présenter au moins une planche (exposé de dix à quinze minutes) à caractère symbolique ou philosophique. Si l'atelier vote favorablement, il est admis à être initié au grade de compagnon, le processus se renouvelant pour l'accession au grade de maître. Le vote tient compte de la personnalité du candidat autant que de la qualité de son travail, et il faut bien comprendre que les frères ou les sœurs ne s'érigent pas en «jury»: tolérance et fraternité sont toujours la règle. Ainsi, dans un langage qui transmute (qui transforme en langage chimique et alchimique) la matière en esprit, chaque membre de la loge affûte ses outils pour tailler sa pierre brute et construire son temple intérieur en participant à la construction du temple collectif.

V.I.T.R.I.O.L.

« *Visita interiora terrae, rectificandoque, invenies occultum lapidem.* » Cette phrase latine est inscrite au mur du cabinet de réflexion dans lequel entre le profane au seuil de son initiation. Elle signifie « *Visite l'intérieur de la terre et, en rectifiant, tu trouveras la pierre cachée* », ou en termes moins symboliques : « *Connais-toi toi-même.* »

Les francs-maçons entreprennent dans l'humilité et la patience un travail sur eux-mêmes que la maçonnerie guide par ses symboles et ses rituels, et que les membres de la loge soutiennent par leur fraternité.

Le vécu et le sacré

La franc-maçonnerie est un mouvement spirituel qui ne s'apparente pas à une religion, car aucune présence divine n'habite ses temples. Pourtant, dans leurs pratiques, les francs-maçons connaissent la notion de sacré.

Sectes : grille de décryptage
Pour permettre une bonne approche des sectes, des organismes comme l'Union nationale des associations pour la défense des familles et de l'individu (Unadfi) et le Centre contre les manipulations mentales (CCMM) ont établi des grilles de décryptage de leur vécu sinon de leur sacré, et ont observé les caractéristiques suivantes : manque de temps, de nourriture, de sommeil, problèmes pour communiquer avec sa famille et ses anciens amis, obéissance absolue à un leader, aux cadres du groupe, règles différentes pour les cadres et les autres…

Adresses :

- **Union nationale des associations pour la défense des familles et de l'individu : 10, rue du Père Julien-Dhuit 75020 Paris. Tél. : 01 47 97 96 08.**
- **Centre contre les manipulations mentales : 19, rue Turgot 75009 Paris. Tél. : 01 42 82 04 93.**

Célébration des rituels

En retrouvant le sens des mythes fondamentaux de l'humanité (Bible, mythologie gréco-latine, etc.), les rituels maçonniques (*voir* pp. 26-27) s'apparentent à ceux des grandes religions. Tout rituel peut paraître archaïque ou ridicule à celui qui ne le pratique pas, ou à celui qui le pratique sans le comprendre. Mais c'est la première tâche du maçon que de s'en imprégner, pour qu'à chaque instant les gestes et les paroles qu'il prononce prennent tout leur sens. Ce rituel installe le décor et les symboles, il règle les cérémonies, il établit la discipline individuelle et les relations collectives, il confère à la tenue* maçonnique son caractère sacré. Or, le terme sacré est le plus souvent rattaché aux religions. La franc-maçonnerie, elle, n'est pas une religion, puisqu'elle n'offre pas de révélation divine, même quand elle impose une croyance (comme dans le cas de la maçonnerie régulière – *voir* pp. 44-45 –, fidèle aux *landmarks* – *voir* pp. 6-7) ; elle n'est pas non plus un substitut de religion, puisqu'elle laisse l'individu libre de venir à elle avec ses propres croyances, auxquelles il ne renonce pas.

Le profane et le sacré

Pour un franc-maçon, le profane est celui qui n'est pas initié, pour la religion c'est ce qui s'oppose au caractère sacré. En ce sens, le temple maçonnique est un lieu profane, que seuls le rituel et la présence des membres de la loge* sacralisent (rendent sacré). Le rite et son application rituelle transforment (transmutent) ainsi le monde extérieur en monde du dedans, ils fusionnent une assemblée hétéroclite d'hommes ou de femmes en une communauté fraternellement unie. Le sacré n'est donc pas exclusif d'un culte, d'une religion, d'un dieu, mais il peut également appartenir à un mouvement spirituel libre de toute attache dogmatique, et qui entend le sacré comme un aspect de l'élévation de l'esprit ou de l'âme pour ceux qui y croient.

Telle une vie monacale

Un ancien moine catholique devenu franc-maçon a pu dire qu'il trouve dans la tenue maçonnique un espace et un temps sacrés semblables à ceux de la vie monacale, et qu'« *il ne manque que le chant* ».

Des fraternités détournées

Les sectes, qui pullulent aujourd'hui et tentent de se faire reconnaître comme « nouvelles religions », utilisent souvent pour leur défense l'argument du « vécu et du sacré », en affirmant que celui qui n'a pas partagé leur expérience ne peut pas la comprendre. Ces groupes dangereux s'inspirent des religions et mouvements spirituels authentiques pour masquer et structurer leurs activités. On accuse parfois la franc-maçonnerie d'être une secte, et à cela le maçon Michaël Segall répond que « *s'il est difficile d'entrer en maçonnerie, il est facile d'en sortir, mais s'il est facile d'entrer dans une secte, il est difficile d'en sortir* ». En effet, la secte, qui se présente au départ comme un groupe chaleureux et accueillant, substitue à la liberté du franc-maçon la perte de liberté de l'adepte. Et elle oppose au respect par la maçonnerie des lois de la République la « *légitimité* » de ses propres lois, qu'elle place au-dessus de celles des États.

L'expérience spirituelle vécue par une communauté est riche de cohésion et de fraternité. Elle prend un caractère sacré si elle est guidée par un rituel, elle devient un cauchemar quand elle est située dans l'enfermement d'une secte.

Le symbolisme et son langage

La symbolique, qui remonte à la préhistoire, est une forme de pensée par l'image qui s'est tout de suite imposée dans les loges maçonniques.

Signification du symbole

Le mot «symbole», qui veut dire «signe» en grec, s'applique à un être (un petit angelot avec un arc pour l'amour), à un objet ou à toute autre représentation imagée (la balance représente la Justice, la lumière incarne la Connaissance), qui transmet une pensée abstraite par l'image.

Le symbole est universel et immémorial, car il évoque la vie et l'observation du monde (le lever du jour est associé à la lumière, à la vie, à la chaleur, au soleil dans toutes les sociétés, à travers tous les temps).

Mais le symbole correspond aussi à des significations diverses (le renard, c'est la ruse en Occident et la fertilité en Extrême-Orient), à des significations riches (suivant l'angle de ses branches, le compas du franc-maçon indique un degré de connaissance, et la maçonnerie limite son ouverture à 90° pour indiquer l'équilibre idéal de l'homme).

Chaîne d'amour

La chaîne d'union est un geste évoqué par le poète maçon Robert Burns dans *Le Chant des adieux*: « *Formons de nos mains qui s'enlacent une chaîne d'amour.* »

Allégorie et emblème

Très proches du symbole, emblème et allégorie ont une signification plus restreinte: l'emblème est « à sens unique » (le drapeau pour un pays), l'allégorie est uniquement une figure humaine ou animale (une femme nue sortant d'un puits est une allégorie de la vérité...).

Le symbolisme facilite la compréhension

Le symbolisme est donc un système de signes (peints, dessinés, construits, écrits...) dont l'agencement exprime un raisonnement. Ce langage n'est pas en opposition avec celui qui s'exprime par des concepts (idées), il le complète. Là où la pensée est complexe, il la simplifie; on a souvent recours à une image (symbole) pour faire comprendre une idée, une histoire à un enfant, ou à quelqu'un qui ne comprend pas notre langue. *Le Petit Prince* (1943) d'Antoine de Saint-Exupéry (1900-1944), l'un des chefs-d'œuvre de la littérature, est accessible aux plus jeunes car il utilise des symboles (l'étoile, le mouton, la fleur, le désert, le serpent...) pour exprimer des qualités morales ou la beauté du monde.

Chez les francs-maçons

Comme le rituel, le langage symbolique contribue à unir les maçons à travers le temps et leurs différences. Il a retrouvé force et vigueur dans les loges*, après en avoir été parfois repoussé par le courant scientiste* de la fin du XIXe siècle. Aujourd'hui, s'il est accepté par l'ensemble des maçons, certains éprouvent une difficulté à se mouvoir dans sa richesse et dans son éloignement des certitudes de la pensée rationnelle. Le symbolisme de la communication entre maçons s'opère par le langage, mais aussi par des gestes : l'un des plus beaux est la chaîne d'union qui clôt souvent une tenue*. Le symbolisme franc-maçon est d'inspiration judéo-chrétienne, avec des apports grecs, orientaux (égyptiens par exemple), alchimistes (dans le cabinet de réflexion, le postulant est mis en présence de soufre – esprit –, sel – sagesse –, coq – mercure ou solution, etc.). Certains de ses symboles sont d'une telle richesse qu'ils peuvent être interprétés de manières différentes par les maçons eux-mêmes ; ainsi la lettre G peut signifier *God* (« Dieu » en anglais), gnose (connaissance suprême à caractère ésotérique), géométrie…

Langages codés

À la suite de tracasseries policières subies au XVIIIe siècle, les maçons français de l'époque ont institué un langage discret qui a toujours court aujourd'hui. Ainsi : « *Très chers frères et sœurs, les éditions Milan publient un ouvrage sur la franc-maçonnerie écrit par Jack Chaboud* » s'écrit : « *T .°. C .°. FF .°. et SS .°. , les éditions Mil .°. publient un ouvrage sur la F .°. M .°. écrit par Jack Cha .°.* ».

Il existe par ailleurs un langage maçonnique codé, qui ne résisterait pas à un décodeur amateur plus de quelques minutes, et dans lequel la fameuse devise « *Liberté, Égalité, Fraternité* » s'écrit :

La symbolique maçonnique des outils

- **Compas :** mesure, sagesse.
- **Ciseau :** discernement, efficacité.
- **Équerre :** rectitude morale, justice, raison.
- **Levier :** volonté, puissance.
- **Maillet :** autorité, intelligence.
- **Niveau :** égalité.
- **Perpendiculaire :** équilibre.
- **Règle :** exactitude.
- **Truelle :** amour fraternel.

Le langage des symboles est utilisé par les francs-maçons pour son universalité, sa richesse, sa beauté et sa pérennité.

Le symbolisme et ses décors

« *Ici, tout est symbole!* » peut-on lire sur bien des monuments maçonniques. Les symboles sont présents partout dans l'univers des frères et des sœurs. Approche de leurs décors.

Langage des décors

Les francs-maçons utilisent, dans leurs représentations symboliques, des outils, des nombres, des lettres, des astres, des formes géométriques, des figures humaines ou animales… Dans le langage maçonnique, le terme de décor recouvre aussi bien la décoration des bâtiments que les attributs portés par les maçons lors d'une tenue*. Aucun des symboles compris dans ces décors n'est gratuit, et aucune de leur signification n'est ignorée des frères ou des sœurs. Certains décors ne prennent leur sens plein que par l'association avec un ou plusieurs autres décors.

Les décors personnels

Les maçons portent leurs décors personnels dans le temple, pendant la tenue. À titre exceptionnel, des frères sont apparus avec leurs cordons et sautoirs sur les barricades de la Commune (*voir* pp. 10-11) et lors de grandes manifestations contemporaines contre le racisme ou pour la défense de l'école laïque.

En tenue, frères et sœurs portent des gants blancs et un tablier en peau, emprunté aux maçons opératifs*. Porté sur les vêtements de ville (sauf chez les sœurs de la Grande Loge féminine de France qui ont adopté une robe noire «uniforme» et chez les sœurs de Memphis Misraïm revêtues d'une robe blanche), le tablier représente le travail et l'égalité entre tous. Le tablier de l'apprenti et du compagnon est blanc et vierge de toute représentation. Celui du maître porte aujourd'hui les lettres et symboles de son grade; il est plus dépouillé que ceux portés par les maîtres des siècles passés, qui en ont fait de véritables œuvres d'art d'inspirations diverses (scènes allégoriques, légendes antiques ou bibliques, égyptomanie, révolution…). Les maîtres portent également un cordon orné du compas et de l'équerre.

L'acacia
C'est l'un des éléments les plus présents de la décoration maçonnique. Il évoque la légende d'Hiram (*voir* pp. 4-5) et symbolise l'immortalité.

Décors des officiers de la loge

Les dignitaires des obédiences* portent des sautoirs indiquant leur fonction (Grand Maître par exemple) ; de même, les officiers de la loge* portent des sautoirs dont les ornements sont propres à leur poste (équerre pour le vénérable, plume pour le secrétaire, bourse pour l'hospitalier, *voir* pp. 24-25).

Art maçonnique

Outre les tabliers, dès le XVIIIe siècle, les agapes réunissant les frères ont été à l'origine d'un art de la table, produisant une vaisselle très recherchée des collectionneurs actuels, qu'ils soient maçons ou profanes*. Ces créations artistiques se sont étendues dans d'autres domaines : peinture, architecture, objets (bibelots, bijoux, montres...), mobilier, livres...

Le vénérable utilise un maillet pour diriger la tenue, et il dispose d'une épée flamboyante qui représente moins une arme qu'une flamme.

Le grand expert marche (déambule) avec une épée, le couvreur porte également une épée, le maître des cérémonies se déplace avec une haute canne qui rythme ses pas et ceux des maçons qu'il conduit dans le temple.

Décoration du temple

À l'entrée du temple se trouvent deux colonnes surmontées de grenades, rappelant celles du temple de Salomon. Une corde comportant des nœuds appelés lacs d'amour fait le tour du temple, elle s'achève par une houppe dentelée.

Le pavé mosaïque (en carreaux noirs et carreaux blancs) est surmonté de la voûte étoilée d'où pend un fil à plomb.

À l'orient, devant le vénérable, un compas et une équerre sont posés sur la constitution de l'obédience ou sur la Bible : ce sont les trois lumières de la loge.

Derrière le vénérable, des figures situent la loge dans l'ordre cosmique : soleil, lune, delta lumineux (triangle où est figuré l'œil de Dieu ou de la conscience), étoile flamboyante à cinq branches...

Du tablier aux gants, de l'occident à l'orient et du nord au midi du temple, chez les francs-maçons, « *tout est symbole, et rien n'est incompris* ».

Les valeurs maçonniques

Le mot humanisme est à la mode depuis cinq siècles. On peut lui donner bien des sens, mais celui qui indique que l'homme est au cœur des préoccupations de l'homme peut être revendiqué par la plupart des francs-maçons du monde.

Réseaux affairistes

S'il ne faut pas nier que des réseaux affairistes maçonniques peuvent se tisser, ils sont le fait de groupes ultra-minoritaires, qui n'ont de maçons que le nom.

Le maçonnisme est un humanisme

Que ce soit « l'homme pour l'homme » chez les francs-maçons libéraux, ou l'homme qui se dépasse pour aller vers Dieu ou un autre infini chez les maçons réguliers, ces deux conceptions font de l'idéal maçonnique un humanisme. Le franc-maçon espère dans le plein épanouissement de l'humanité, résultant de l'effort entrepris par chacun pour s'améliorer et aider les autres à s'améliorer. Cette espérance s'étend à l'amélioration des conditions de vie matérielles et morales de l'homme. Un espoir à longue échéance! Au-delà de ces objectifs, la maçonnerie régulière n'entend pas s'immiscer dans les affaires du monde profane*. Ce qui ne signifie pas que ses membres ne s'impliquent pas à titre personnel dans les luttes sociales ou politiques. Mais l'écho de leurs engagements ne se fait pas entendre en loge*, où les questions débattues portent sur l'histoire de la franc-maçonnerie, sur le sens des symboles, sur les rites et rituels…

Valeurs de la franc-maçonnerie libérale

– La laïcité.

La maçonnerie libérale, porteuse d'une valeur fondamentale de défense de la laïcité, est née en France en 1877 (*voir* pp. 18-19). C'est le seul pays du monde occidental avec le Portugal dont la constitution ne fasse pas référence à Dieu. Face au cléricalisme (intervention des autorités religieuses dans les affaires de l'État) des grandes religions (culte rendu à une divinité par l'intermédiaire d'un clergé et de dogmes) issues de la Bible, la maçonnerie libérale affirme la séparation du spirituel et du temporel. Les lois de la République laïque, émanant du peuple et contrôlée

par le peuple, sont au-dessus de toute autorité religieuse et indépendantes de toute croyance.
– La justice et la solidarité.
La franc-maçonnerie libérale a fait siennes les grandes idées de la Révolution française: la liberté, d'où découlent la république et la laïcité, l'égalité, d'où découle la notion de justice sociale (le vénérable* qui cesse sa fonction prend la modeste place du couvreur, et garde la porte du temple, *voir* pp. 24-25), la fraternité vécue en loge, la solidarité qui n'est en rien le réseau de copains et coquins décrit par les antimaçons. Bien loin des réseaux puissants des anciens des grandes écoles ou des patrons d'entreprises, la solidarité maçonnique s'exprime le plus souvent au niveau du paiement de la cotisation du franc-maçon chômeur, de la visite au frère ou à la sœur malade.

Statue de la Marianne maçonnique.

Une force de proposition

L'idéal maçonnique se présente comme une utopie permanente, tant sa croyance en l'homme est forte. Mais les raisons d'espérer de la franc-maçonnerie sont grandes lorsqu'elle constate l'importance des conquêtes sociales et politiques qui ont été rêvées dans ses loges, même si elles n'en sont pas issues. La force de la maçonnerie libérale est d'accepter que la réalité économique et sociale pénètre dans ses temples. Chaque année, les obédiences* proposent à la réflexion de l'ensemble des loges des grands problèmes d'actualité (bioéthique, chômage, banlieue, formation…), dont les conclusions peuvent être communiquées au monde profane. Mais ces questions peuvent aussi ne pas dépasser le cadre de la loge, si elles sont débattues à l'initiative de membres de celle-ci directement touchés par le sujet.

Les francs-maçons du monde entier croient en l'homme. Certains croient en Dieu, d'autres non. Et la franc-maçonnerie libérale, véritable miroir du monde actuel dans lequel elle est implantée, entend ne pas être absente de toute réflexion sur l'homme et la société.

Une spiritualité contemporaine

En cette fin de millénaire, dans des sociétés bouleversées, divisées, sans repères, la franc-maçonnerie propose aux hommes une spiritualité originale qu'ils peuvent pratiquer dans une totale liberté de penser et d'agir.

La confusion des esprits

La fin du XXe siècle amène certains esprits à confondre la fin d'un monde avec la fin du monde. Ceux-là plongent dans un fatras spirituel où surnagent gourous, voyants, astrologues, illuminés et escrocs.

On réveille des cultes primitifs, le symbolisme de pacotille brille de tous ses feux, les religions établies perdent pied à suivre l'accélération du monde du fait de leurs carcans dogmatiques.

Une humanité peuplée de solitaires de toutes origines a cherché en vain, dans les syndicats, les partis politiques et même l'entreprise, une aide qu'elle ne trouvait plus dans les structures traditionnelles (famille, village, quartier, corporation...). Il ne lui reste bien souvent que l'oubli temporaire apporté par les tranquillisants et la contemplation passive de la télévision.

Pourtant, tous les hommes ne s'abandonnent pas face aux bouleversements de sociétés; certains pratiquent leur religion et tentent de la faire évoluer, d'autres retrouvent l'esprit du Siècle des lumières (*voir* pp. 8-9) au travers des cafés et des ouvrages philosophiques, au risque de ne pas plaire aux professionnels de la pensée.

Dans ce concert, la franc-maçonnerie continue imperturbablement son chemin.

Une spiritualité libre

Libres de leurs pensées et de leurs actions, les maçons apprennent la tolérance qui est un rejet de l'approche dogmatique de toute question, de tout individu.

Par l'initiation et la pratique du symbolisme (*voir* pp. 40 à 43), ils reçoivent la faculté de s'échapper de la pensée

rationnelle pour enrichir leur perception du monde. Le rituel (*voir* pp. 26-27) leur offre une méthode les guidant dans le travail qu'ils vont faire sur eux-mêmes et avec les autres, pour approcher toujours plus près d'une vérité qu'ils ne peuvent jamais prétendre détenir, car ils la savent inaccessible.
Sans dogme et sans divinité, ils ne sont pas en religion ; sans affirmations ni démonstrations, ils n'appartiennent pas à un mouvement philosophique.

Une spiritualité originale

Lors de leurs interventions dans les bâtiments maçonniques, les conférenciers profanes*, habitués aux empoignades des débats publics ou aux affrontements de toutes réunions internes, se déclarent souvent frappés de la sérénité non passive de leur auditoire.
Ce respect des autres et de soi-même rapproche la maçonnerie de certains courants de pensée orientaux et notamment du bouddhisme, bien que les francs-maçons soient fortement ancrés dans la tradition occidentale.
En effet, avec un rituel pour guide, avec des symboles pour outils et langage, dans un espace sacré et serein, non dédié à une divinité, maçonnerie et bouddhisme conduisent à un travail sur soi, à une extinction des passions et des vanités pour mieux approcher la vérité, sans adhérer à un dogme.

Une spiritualité sereine

Respectueux de leurs traditions, mais attentifs à ne pas figer leur mouvement, les francs-maçons évoluent avec leurs sociétés.
Face à l'argent roi, ils proposent de « se dépouiller de leurs métaux » ; face à la volonté de puissance, ils présentent un mouvement sans enjeux de pouvoir ; face à l'égoïsme dominant, ils pratiquent la solidarité ; face aux intégrismes de tous bords, ils parlent de tolérance ; face au prêt-à-penser, ils invitent chacun à développer ses propres capacités à analyser la société ; face aux certitudes intellectuelles, ils opposent les incertitudes du monde initiatique des symboles ; face aux exclusives sociales, ethniques ou autres, ils ouvrent les loges* à tous ceux qui acceptent le long chemin du maçon.

Attentifs au devenir de l'homme, dans le calme de leurs temples, les francs-maçons travaillent à se former pour aider du mieux possible leur société à faire son entrée dans le XXIe siècle.

Francs-maçons célèbres (1)

Comme dirait l'abbé Barruel, « *Ils sont partout !* ». Tout au long des trois siècles de la franc-maçonnerie spéculative*, des frères et des sœurs se sont illustrés dans tous les domaines de l'esprit et dans toutes les parties du monde. Ils ont mis leur talent ou leur génie au service de leurs idées.

La loge des neuf sœurs (les neuf muses de la mythologie grecque)

Créée en 1776 par Claude Adrien Helvétius (philosophe, 1715-1771) et Joseph Jérôme Lefrançois de Lalande (astronome, 1732-1807), cette loge* distribue des bourses aux étudiants pauvres, et ses membres donnent des consultations gratuites dans leurs spécialités respectives. À la veille de la Révolution française de 1789, elle rassemble un grand nombre d'intellectuels éclairés proches des encyclopédistes : Benjamin Franklin (physicien, homme politique, représentant en France des insurgés américains), François de Neufchâteau (avocat, défenseur de Callas), Voltaire, Joseph Ignace Guillotin (médecin et inventeur de la guillotine par souci d'humanité), Gaspard Monge (physicien, hydraulicien,

Voltaire (1694-1778).

géomètre, créateur de l'École polytechnique), Charles Gilbert Romme (mathématicien, l'un des rédacteurs du calendrier révolutionnaire, il demande à inclure le droit au travail dans la Constitution des droits de l'homme), Georges Cabanis (médecin, philosophe), Bernard Germain Étienne de La Ville, comte de Lacépède (naturaliste), Joseph et Étienne de Montgolfier, ainsi que François Pilâtre de Rozier (inventeurs et pilotes des premiers aérostats), Jean-Pierre Claris de Florian et Nicolas de Chamfort (écrivains), Jean-Baptiste Greuze (peintre), Joseph Vernet (peintre), Jean Antoine Houdon (sculpteur), Nicolas Dalayrac (compositeur), Niccolo Piccini (compositeur)…

XVIIIe siècle

– Des écrivains: Charles de Montesquieu (né en 1689), Johann Wolfgang von Gœthe (auteur de plusieurs ouvrages maçonniques dont *Les Années d'apprentissage de Wilhelm Meister*, 1797, et *Le Serpent vert*, 1795), Stendhal, Choderlos de Laclos, Joseph de Maistre, Gotthold Ephraïm Lessing (écrivain, philosophe, auteur de *Dialogues maçonniques*, 1778-1780), Adelbert von Chamisso de Boncourt (auteur du très beau conte symbolique *La Merveilleuse Histoire de Peter Schlemihl*, 1814), Alexandre Pouchkine (auteur de *La Dame de pique*, *La Fille du capitaine*), Walter Scott (auteur d'*Ivanhoé*), Mark Twain (auteur des *Aventures de Huckleberry Finn*, et des *Aventures de Tom Sawyers*)…

– Des musiciens: Wolfgang Amadeus Mozart (auteur d'œuvres maçonniques dont un opéra, *La Flûte enchantée*), Joseph Haydn…

– Des hommes de sciences: Pierre Laplace (astronome, mathématicien et physicien), Jean-Antoine Chaptal (chimiste), Guillaume Dupuytren (chirurgien), Jean Esquirol (psychiatre aliéniste), Antoine Laurent Jussieu (botaniste)…

– Des militaires: La Fayette, Kellermann, Kléber, Massena, Ney, Wellington…

– Divers: Robert Surcouf (corsaire puis armateur), Frédéric II, roi de Prusse, Joseph Napoléon, George IV d'Angleterre…

Francs-maçons célèbres (2)

XIXe siècle

– Des écrivains et littérateurs: Joseph Rudyard Kipling (auteur de poèmes maçonniques), Émile Littré, Erckman et Chatrian, Jules Vallès (journaliste, écrivain communard), Eugène Pottier (chansonnier, ouvrier textile, homme politique, communard, auteur de *l'Internationale,* qu'il composa en 1871 avant d'être maçon), Jean-Baptiste Clément (chansonnier, communard, auteur du *Temps des cerises*), Charles De Coster (auteur de *Till l'Espiègle*), Arthur Conan Doyle, Oscar Wilde…

– Des artistes et musiciens: Frédéric Auguste Bartholdi, Juan Gris, Marc Chagall, Franz Liszt, Jean Sibelius (auteur de musiques maçonniques)…

– Des hommes et femmes politiques: Léon Gambetta, Louise Michel, Jules Simon, Jules Ferry, Victor Schœlcher, Félix Éboué, Abd El-Kader, Léopold 1er, roi des Belges, George VI, Édouard VII et Édouard VIII (duc de Windsor) d'Angleterre, Giuseppe Garibaldi, Emmanuel Arago, Camille Chautemps, Émile Combes, Félix Faure, Marcel Sembat…

– Divers: François Raspail (philosophe, chimiste, médecin, mais surtout grand humaniste), Alexander Fleming (biologiste, découvre la pénicilline), John MacAdam (inventeur du système de revêtement des chaussées qui porte son nom), Henri Dunant (fondateur de la Croix-Rouge), Pierre Savorgnan de Brazza (explorateur), Joseph Joffre (maréchal de France)…

XXe siècle

Jérôme de Lalande (*voir* p. 48) a calculé le premier, au XVIIIe siècle, avec une extrême précision, la distance de la Terre à la Lune, et c'est au XXe siècle qu'Edwin Aldrin, autre franc-maçon, est le deuxième homme à marcher sur la Lune en 1969.

– Divers: Georges Dumézil (historien), Frédérick Tristan (prix Goncourt en 1982)…

– Des musiciens et des hommes de spectacle: Louis

Armstrong, Duke Ellington, Count Basie, René-Louis Lafforgue, Achille Zavatta, Cecil B. de Mille, Clark Gable.
– Des personnalités politiques : Jean Zay, Pierre Mendès-France, Salvador Allende, Pierre Brossolette (journaliste, homme politique, résistant), Winston Churchill…
– Henry Ford et André Citroën (patrons d'entreprise), Charles Lindbergh (aviateur), Michel Baroin (homme politique et dirigeant d'entreprise)…

Achille Zavatta (1915-1993), le clown franc-maçon.

Les présidents des États-Unis

Dans l'ordre chronologique : George Washington, James Monroe, Andrew Jackson, James K. Polk, James Buchanan, Abraham Lincoln, Andrew Johnson, James Garfield, William McKinley, Theodore Roosevelt, William Howard Taft, Warren Gamaliel Harding, Franklin D. Roosevelt, Harry S. Truman, Lyndon B. Johnson, Gerald Ford.

Quelques textes sérieux ou drôles

Poésie, philosophie, conte, roman, nouvelle, essai, pamphlet, les auteurs francs-maçons et antimaçons ont beaucoup écrit sur le mouvement, ou ont été inspirés par son esprit. Voici quelques textes qui en donnent un bref aperçu.

« Car tous les mois, après la tenue,
Nous nous réunissions pour fumer,
Nous n'osions pas faire de banquets
(de peur d'enfreindre la règle de caste de certains frères)
Et nous causions à cœur ouvert de religions et d'autres choses,
Chacun de nous se reportant
Au Dieu qu'il connaissait le mieux.
L'un après l'autre les frères prenaient la parole
Et aucun ne s'agitait. »
Joseph Rudyard Kipling (1865-1936), « La loge mère »,
Le maillon de la chaîne maçonnique, revue maçonnique, 1986.

« Je vais convoquer les copains; l'initiation pourra avoir lieu cette nuit.
– L'ini… la quoi?
– L'initiation.
– Qu'est-ce que c'est que ça?
– Eh bien, on jure de se soutenir les uns et les autres, de ne jamais révéler les secrets de la bande même au risque d'être coupé en petits morceaux, de tuer tous ceux qui touchent à quelqu'un de la bande et leur famille avec.
– Épatant, mon vieux!
– Je comprends. Et tout ça doit se faire à minuit, dans l'endroit le plus retiré, le plus solitaire qu'on puisse trouver. »
Mark Twain (1835-1910), *Les Aventures de Tom Sawyer*, Gallimard Jeunesse, 1973.

« Il est question de la pensée
Et réponse de la main…
Il est question du monde
Et réponse du livre…
Il est question de parole
Et réponse de silence. »
Anne Quesemand, « La fiancée d'Aleph », *Alternative*, 1995.

« Celui qui brave les ténèbres
Triomphe de l'erreur.
Sublime paix, répands ton baume,
Et puisse la Divinité
Descendre sur l'humanité. »
Mozart (1756-1791) et Schikaneder (chanteur, auteur allemand, 1751-1812), *La Flûte enchantée.*

« Voici le temps de prouver par des actions que la dignité de l'homme ne le cède point à la grandeur de Dieu. »
Gœthe (1749-1832), *Faust*, Ambassade du livre, 1961.

« Si Dieu nous a fait à son image, nous le lui avons bien rendu. »
Voltaire (1694-1778), *Fragments historiques.*

« Le capital mourrait si, tous les matins, on ne graissait pas les rouages de ses machines avec de l'huile d'homme. »
Jules Vallès (1832-1885), *L'Insurgé*, J'ai Lu, 1996.

« Dans les loges, on fait du spiritisme et le spiritisme est d'essence diabolique ; la preuve, la voici : on avait vu une table tournante prendre la forme d'un crocodile ailé, celui-ci s'était dirigé vers le piano qui se trouvait dans la pièce et avait joué une mélodie mystérieuse en promenant sur les témoins de cette scène des regards flamboyants qui les avaient fait frémir… Les chefs de la franc-maçonnerie allaient même de temps en temps visiter le laboratoire infernal de Gibraltar. C'est là que les démons dirigeaient la fabrication de leurs engins ensorcelés et cultivaient les microbes qui leur permettaient de répandre à leur gré sur la terre la peste et le choléra. Tout cela se savait par les révélations d'une femme courageuse : Diana Vaughan, ancienne adepte de la franc-maçonnerie, ex-dignitaire de l'infernale société secrète… Le frère Minutaini, qui s'était vendu corps et âme à Satan, avait le pouvoir diabolique de se mettre en pièces à volonté, puis de se reconstituer de même. De sorte que pour un voyage coûteux, on l'expédiait par colis postaux de un kilogramme et lorsque le frère était arrivé en entier à destination, il se reconstituait lui-même. Un frère, ancien chef d'état-major de Garibaldi, avait mis en doute ces révélations et s'était permis de railler miss Vaughan. Il avait vu sa tête, si l'on peut parler ainsi, se retourner subitement à l'envers… »
(Il y eut des gens pour croire à ces commentaires de Léo Taxil sur le personnage imaginaire de Diana Vaughan dont il avait écrit les « confessions ».)

Les constitutions

À la fois règlements et guides spirituels, les constitutions des obédiences maçonniques établissent leur philosophie, leur structure et leurs méthodes de travail. Certaines ont évolué au fil des siècles, d'autres sont demeurées très proches des constitutions d'origine.

Extrait des Constitutions d'Anderson, texte fondateur de la franc-maçonnerie en 1723 (*voir* pp. 6-7)

« *Un maçon est obligé de par sa tenue, d'obéir à la loi morale et s'il comprend bien l'art (maçonnique), il ne sera jamais un athée stupide ni un libertin irréligieux. Mais, quoique dans les temps anciens les maçons fussent tenus dans chaque pays d'être de la Religion, quelle qu'elle fût, de ce pays ou de cette nation, néanmoins il est maintenant considéré plus expédient de seulement les astreindre à cette Religion sur laquelle tous les Hommes sont d'accord, laissant à chacun ses propres opinions ; c'est-à-dire d'être des Hommes de bien et loyaux, ou Hommes d'honneur et de probité, quelles que soient les Dénominations ou Confessions qui aident à les distinguer : par suite de quoi la maçonnerie devient le Centre de l'Union et le Moyen de nouer une Amitié sincère entre des Personnes qui n'auraient pu que rester perpétuellement étrangères…* »

Extrait de la Règle de la Grande Loge nationale française

« *La Franc-Maçonnerie est une fraternité initiatique qui a pour fondement la foi en Dieu, Grand Architecte de l'Univers… La Franc-Maçonnerie est un Ordre auquel ne peuvent appartenir que des hommes libres et respectables, qui s'engagent à mettre en pratique un idéal de Paix, d'Amour et de Fraternité. La Franc-Maçonnerie impose à tous ses membres la pratique exacte et scrupuleuse des rituels et du symbolisme, moyens d'accès à la connaissance par les voies spirituelles et initiatiques qui lui sont propres…* »

Extrait de la constitution de la Grande Loge de France

« *La Franc-Maçonnerie est un ordre initiatique traditionnel et universel fondé sur la Fraternité. Elle constitue une alliance d'hommes libres et de bonnes mœurs, de toutes races, de toutes nationalités, et de toutes croyances. La Franc-Maçonnerie a pour but le perfectionnement moral de l'humanité. À cet effet, les francs-maçons travaillent à l'amélioration constante de la condition humaine, tant sur le plan spirituel que sur le plan du bien-être matériel. Les francs-maçons se reconnaissent comme frères et se doivent aide et assistance, même au péril de leur vie. Ils doivent, de même, porter secours à toute personne en danger. Dans la recherche constante de la Vérité et de la justice, les francs-maçons n'acceptent aucune entrave et ne s'assignent aucune limite. Ils respectent la pensée d'autrui et sa libre expression. Ils recherchent la conciliation des contraires et veulent unir les hommes dans la pratique d'une morale universelle et dans le respect de la personnalité de chacun. Ils consi-*

dèrent le travail comme un devoir et comme un droit. Les francs-maçons doivent respecter les lois et l'autorité légitime du pays dans lequel ils vivent et se réunissent librement...»

Extrait de la constitution de la Grande Loge féminine de France

«La franc-maçonnerie est un Ordre initiatique traditionnel et une alliance universelle fondée sur la Fraternité. Elle a pour devise: «Liberté-Égalité-Fraternité». Dans la poursuite commune d'un même idéal, les francs-maçons se reconnaissent entre eux par des Mots, Signes et Attouchements qu'ils se communiquent rituellement en Loge, au cours de cérémonies initiatiques. Ces Mots, Signes et Attouchements, ainsi que les Rites et Symboles maçonniques font l'objet d'un secret inviolable et ne doivent être communiqués à qui n'a pas qualité pour les connaître... La Franc-Maçonnerie a pour but le perfectionnement de l'humanité; à cet effet, les francs-maçons travaillent à l'amélioration constante de la condition humaine...»*

Extrait de la constitution du Droit humain

«L'Ordre Maçonnique Mixte International Le droit humain affirme l'égalité de l'Homme et de la Femme. En proclamant Le droit humain, l'Ordre veut qu'ils parviennent sur toute la terre à jouir, d'une façon égale, de la justice sociale, dans une humanité organisée en sociétés libres et fraternelles. Composé de francs-maçons des deux sexes, fraternellement unis, sans distinction de races, de religions, de philosophies, l'Ordre s'impose, pour atteindre ce but, une méthode rituelle et symbolique, grâce à laquelle ses membres édifient leur Temple à la perfection et à la gloire de l'humanité...»

Extrait de la constitution du Grand Orient de France

«La franc-maçonnerie, institution essentiellement philanthropique, philosophique et progressive, a pour objet la recherche de la vérité, l'étude de la morale, la pratique de la solidarité; elle travaille à l'amélioration matérielle et morale, au perfectionnement intellectuel et social de l'humanité. Elle a pour principes la tolérance mutuelle, le respect des autres et de soi-même, la liberté absolue de conscience. Considérant les conditions métaphysiques comme relevant de l'appréciation individuelle de ses membres, elle se refuse à toute affirmation dogmatique. La franc-maçonnerie a pour devise: «Liberté-Égalité-Fraternité». La franc-maçonnerie a pour devoir d'étendre à tous les membres de l'humanité les liens fraternels qui unissent les francs-maçons sur toute la surface du globe. Elle recommande à ses adeptes la propagande par l'exemple, la parole et les écrits, sous réserve de l'observation du secret maçonnique. Le franc-maçon a pour devoir, en toute circonstance, d'aider, d'éclairer, de protéger son frère, même au péril de sa vie, et le défendre contre l'injustice. La franc-maçonnerie considère le travail comme un des devoirs essentiels de l'homme. Elle honore également le travail manuel et le travail intellectuel. La franc-maçonnerie possède des signes et des emblèmes, dont la haute signification symbolique ne peut être révélée que par l'initiation...»

Glossaire

Acclamation
Phrase prononcée par le vénérable et reprise par les membres de la loge au début et à la fin de la tenue. Elle est suivie d'une « batterie » consistant à frapper dans ses mains suivant un rythme propre au rituel. L'acclamation dans le rite français est : « *Liberté ! Égalité ! Fraternité !* »

Affaire Dreyfus
Du nom du capitaine d'artillerie juif Alfred Dreyfus, condamné pour trahison, et victime d'une forfaiture judiciaire (1894-1906).

Affaire des fiches
Ce scandale éclate en France en 1904, provoqué par l'initiative du général André, alors ministre de la Guerre. Renseigné par le Grand Orient de France, il fait mettre en fiches le nom des officiers jugés trop peu « républicains » (catholiques et libéraux), afin de les écarter des postes les plus importants.

Affaire Stavisky
Homme d'affaires coupable d'escroqueries auprès d'établissements financiers, Alexandre Stavisky (1886-1934) s'enfuit lorsque le scandale éclate en 1933. Mais, rattrapé par la police, il se suicide. Les circonstances douteuses dans lesquelles intervient ce suicide font accuser le gouvernement d'avoir fait exécuter Stavisky.

Âge
Désigne l'âge symbolique du maçon, suivant son grade. L'apprenti a trois ans, le compagnon cinq ans et le maître sept ans.

A.L.A.G.A.D.L.U.
Signifie : *À la Gloire du Grand Architecte de l'Univers*. Évocation propre aux rites chrétiens.

Anticléricalisme
Opposition au pouvoir du clergé et à l'intervention de l'Église dans la vie politique ; au sens large : hostilité à l'Église et à la religion.

Art royal
L'art de bâtir était doublement considéré comme un « art royal » par les constructeurs du Moyen Âge, d'abord parce qu'il concernait les cathédrales, et alliait donc connaissances techniques et spiritualité, ensuite parce qu'il dépendait d'un maître d'œuvre qui était le roi. Aujourd'hui, les francs-maçons désignent encore leur travail comme un « art royal ».

Attouchements
C'est l'un des modes de reconnaissance des francs-maçons, consistant en poignées de mains particulières.

Boulangisme
Mouvement qui rassemble, à partir de 1886 autour de Georges Boulanger,

ministre de la Guerre, les opposants au régime parlementaire – le « syndicat des mécontents » – et les antirépublicains. Poussé au coup d'État, le général hésite, puis est inculpé de complot contre l'État et s'enfuit en Belgique où il se suicide en 1891.

Chaîne d'union
Cercle formé par les maçons dans certaines circonstances et en particulier à la fin d'une tenue. Les maçons se tiennent par les mains, le bras droit doit passer par-dessus le bras gauche. Le vénérable évoque alors la beauté du symbole représenté par l'union des mains, et renouvelle les engagements pris par les maçons.

Charte (ou patente)
Titre délivré par une obédience pour créer régulièrement une loge.

Compagnonnage
Mouvement ouvrier actuel issu des confréries médiévales de bâtisseurs. Il comprend une initiation en référence à des légendes tirées de la Bible, et des rites qui peuvent être différents suivant la matière travaillée.

Degré
Synonyme de grade. Échelons gravis par le maçon dans son cheminement initiatique. Certains rites en comprennent plusieurs dizaines et peuvent aller jusqu'à 99.

Déiste
Celui qui admet l'existence d'un être supérieur aux hommes, mais qui refuse toute définition de cet être suprême et toute obligation faite par une religion de croire en un dieu particulier.

Ésotérisme
Enseignement qui est réservé aux seuls initiés, et qui s'oppose à l'exotérisme, connaissance accessible à tous.

Franc-maçonnerie opérative et franc-maçonnerie spéculative
La première concerne les bâtisseurs du Moyen Âge (vient du latin *operare*, travailler) ; la seconde désigne le mouvement spirituel né en Angleterre au XVIIIe siècle.

Grand Architecte de l'Univers (G.A.D.L.U.)
Pour certains maçons, c'est le Dieu des religions révélées (celles issues de la Bible, pour lesquelles des prophètes ont révélé aux hommes la parole divine) ; pour d'autres, c'est un principe créateur de l'univers, supérieur à l'homme.

Guilde
Au Moyen Âge, association regroupant des artisans ou des commerçants.

Hussards noirs
À la fin du XIXe siècle et au début du XXe siècle, on désigne par hussards

Glossaire (suite)

noirs les instituteurs en blouse noire de la IIIe République. Ils ont été les ardents serviteurs de l'école laïque gratuite et obligatoire, l'enseignement étant jusque-là confié à l'Église catholique.

Légaliste
Celui qui respecte très scrupuleusement les lois.

Loge
Abri dans lequel les bâtisseurs médiévaux travaillaient et rangeaient leurs outils. Chez les francs-maçons d'aujourd'hui, le mot désigne à la fois le lieu où se réunit un groupe maçonnique et le groupe lui-même (également appelé « l'atelier »).

Obédience
Association regroupant l'ensemble des loges maçonniques qui se conforment à la même constitution.

Obole
Somme versée par un maçon dans le tronc de la veuve à la fin de la tenue, et dans certaines loges, pour excuser un membre de son absence.

Oukase
Décision arbitraire des tsars de Russie ayant force de loi.

Philanthropie
Sentiment de fraternité et de solidarité.

Profane
Pour les francs-maçons, il s'agit de toute personne qui n'a pas été initiée.

Scientiste
Celui qui pense que les sciences peuvent tout expliquer.

Tenue
Terme maçonnique désignant une réunion de francs-maçons dans une loge. La tenue est dite « blanche fermée » si l'orateur est profane et l'assistance composée de maçons ; elle est dite « blanche ouverte » si des profanes sont admis dans l'assistance (la présence de profanes en loge n'est admise que dans la maçonnerie libérale).

Vénérable
Président d'une loge élu chaque année par les membres de cette loge.

Veuve
On appelle parfois les francs-maçons les fils de la veuve, car l'un des Hiram de la légende était fils d'une veuve. À la fin de chaque tenue, l'hospitalier fait la quête parmi les membres de la loge à qui il présente un sac appelé tronc de bienfaisance ou tronc de la veuve. L'argent ainsi récolté peut être attribué à une association humanitaire extérieure ou servir à aider un maçon en difficulté.

Bibliographie

Livres

BARAT (Michel),
La Conversion du regard,
Albin Michel, 1992.
Un excellent ouvrage de réflexion sur la philosophie et la symbolique maçonniques rédigé par un ancien Grand Maître de la Grande Loge de France.

CHABOUD (Jack),
Paroles de francs-maçons,
Albin Michel Jeunesse,
coll. « Carnets de Sagesse », 1996.
Recueil de textes courts littéraires ou philosophiques, de chansons et de poèmes écrits par des francs-maçons.

COMBES (André),
Trois siècles de maçonnerie française,
Edimaf, 1989.
Le livre de référence sur l'histoire de la franc-maçonnerie française, facile à lire et très synthétique.

CONVARD (Didier),
Chats
(3 volumes), Dargaud, 1992.
Quand les chats du futur deviennent humanistes et suivent l'étoile flamboyante.
Neige,
dessins de Gine, (7 volumes),
Glénat, 1987.
La saga d'un monde blanc et dévasté, où des sages dépositaires de valeurs humanistes tentent de sauver l'humanité.

GŒTHE (Johann Wolfgang von),
Le Serpent vert,
éditions Dervy, 1974.
Écrit en 1795, ce très beau conte symbolique évoque les valeurs maçonniques.

Bibliographie (suite)

NAUDON (Paul),
La franc-maçonnerie,
PUF, coll. « Que sais-je ? », 1990.
Un livre de base, un peu austère.

NEFONTAINE (Luc),
La Franc-maçonnerie. Une fraternité révélée,
Gallimard, coll. « Découvertes », 1994.
Cet ouvrage général, un peu confus dans l'écriture et l'illustration, demeure en dehors du vécu maçonnique, mais reste accessible à tous.

NERVAL (Gérard de),
Voyage en Orient,
Flammarion, 1980.
Dans ce récit de voyage, l'auteur, qui aimait se faire passer pour franc-maçon, raconte l'histoire d'Hiram.

PRATT (Hugo),
Fables de Venise,
Casterman, 1984.
Une aventure du célèbre héros de bande dessinée Corto Maltese dont une partie de l'intrigue se situe dans un temple maçonnique et fait intervenir des francs-maçons. La première édition est précédée d'une histoire illustrée de la franc-maçonnerie. Un « *must* ».

TRISTAN (Frédérick),
Les Tribulations héroïques de Balthasar Kober,
Folio, 1987.
Merveilleux roman d'aventures historiques et métaphysiques, où une confrérie de « Galopins » évoque la franc-maçonnerie.

VALLÈS (Jules),
L'Enfant, Le Bachelier, L'Insurgé,
J'ai Lu, 1995-1996.
Romans autobiographiques d'un franc-maçon communard.

Revues

Panoramiques,
« Comment peut-on être franc-maçon ? »,
III n° 20, 1er trimestre 1995.
Éditions Arléa-Corlet.
Un numéro particulièrement complet, très riche sur la période contemporaine.

Humanisme
Revue du Grand Orient de France.

Point de Vue Initiatique
Revue de la Grande Loge de France.

Travaux de la Loge nationale de recherches Villard de Honnecourt
Revue de la Grande Loge nationale française.

Dans la collection « Les Essentiels Milan »

CENTRE ROGER-IKOR,
Les Sectes, Toulouse, 1996.

VERGELY (Bertrand),
Platon, Toulouse, 1995,
La Philosophie, Toulouse, 1996.

Adresses utiles

Grand Orient de France
Institut d'études et de recherches maçonniques (IDERM)
16, rue Cadet, 75009 Paris.
Tél. : 01 45 23 20 92.
3616 code GODF.

Grande Loge de France
8, rue Puteaux, 75017 Paris.
Tél. : 01 45 22 11 52.

Grande Loge nationale française
65, boulevard Bineau,
92 220 Neuilly-sur-Seine.
Tél. : 01 47 48 15 22.

Droit humain
5, rue Jules-Breton, 75013 Paris.
Tél. : 01 47 07 50 51.

Grande Loge féminine de France.
4, cité du Couvent, 75011 Paris.
Tél. : 01 43 71 05 74.

Index

Le numéro de renvoi correspond à la double page.

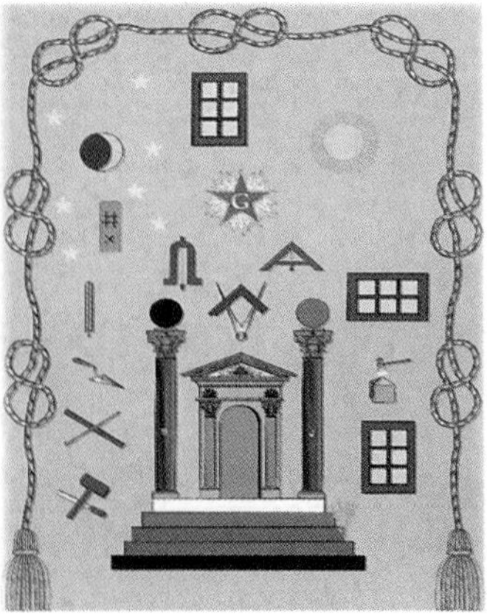

CITOYENS DE L'UNIVERS LA BIENFAISANCE LES UNIT TOUS D'UN POLE A L'AUTRE
En Mémoire des secours donnés aux Malheureux, par les F. F. Maçons, pendant le Rigoureux Hyver de l'année 5789.
Le bien qu'on a fait la Veille,
Fait le bonheur du lendemain
Dorat

Dans la même collection :

1. Le cinéma
2. Les Français
3. Platon
4. Les métiers de la santé
5. L'ONU
6. La drogue
7. Le journalisme
8. La matière et la vie
9. Le sida
10. L'action humanitaire
12. Le roman policier
13. Mini-guide du citoyen
14. Créer son association
15. La publicité
16. Les métiers du cinéma
17. Paris
18. L'économie de la France
19. La bioéthique
20. Du cubisme au surréalisme
21. Le cerveau
22. Le racisme
23. Le multimédia
25. Les partis politiques en France
26. L'islam
27. Les métiers du marketing
28. Marcel Proust
29. La sexualité
30. Albert Camus
31. La photographie
32 Arthur Rimbaud
33. La radio
34. La psychanalyse
35. La préhistoire
36. Les droits des jeunes
37. Les bibliothèques
38. Le théâtre
39. L'immigration
40. La science-fiction
41. Les romantiques
42. Mini-guide de la justice
43. Réaliser un journal d'information
44. Cultures rock
45. La construction européenne
46. La philosophie
47. Les jeux Olympiques
48. François Mitterrand
49. Guide du collège
50. Guide du lycée
51. Les grandes écoles
52. La Chine aujourd'hui
53. Internet
54. La prostitution
55. Les sectes
56. Guide de la commune
57. Guide du département
58. Guide de la région
59. Le socialisme
60. Le jazz
61. La Yougoslavie, agonie d'un État
62. Le suicide
64. Les transports publics et la ville
65. Descartes
66. La bande dessinée
67. Les séries TV
68. Le nucléaire, progrès ou danger ?
70. L'Afrique : un continent, des nations
71. L'argent
72. Les phénomènes paranormaux
73. L'extrême droite aujourd'hui

Responsable éditorial : Bernard Garaude. Directeur de collection – édition : Dominique Auzel.
Secrétariat d'édition : Véronique Sucère. Correction – révision : Jacques Devert.
Iconographie : Sandrine Guillemard.
Conception graphique – couverture – infographies : Bruno Douin.
Maquette : octavo. Suivi maquette : Claudine Defeuillet.
Fabrication : Isabelle Gaudon, Hélène Zanolla.

L'auteur remercie Philippe Morbach, Jean-François Champeroux et Pierre Molier pour l'aide précieuse qu'ils ont apportée à l'iconographie de cet ouvrage, ainsi qu'André Combes pour son amicale relecture du texte.

Crédit photos :

C. Didon : pp. 3, 52, 53 / GODF - Photothèque : pp. 5, 7, 14, 17, 22, 30, 34, 46 / Roger-Viollet : pp. 8, 11, 32 / J. Chaboud : pp. 13, 18, 45, 59, 61, 62, 63 / Spooner – Gamma : p. 26 / Reglain – Gamma : p. 29 / Archive Photos : pp. 36, 48, 51 / P. Massacret – Milan : p. 39 / GLF – Photothèque : p. 43.

Aubin Imprimeur, 86240 Ligugé. — D.L. septembre 1998. — Impr. P 56808